橋爪大三郎の政治・経済学講義

橋爪大三郎

筑摩書房

目次

本文中で☆を付した人名については巻末の人名解説参照

橋爪大三郎の

政治・経済学講義

Lectures on Politics and Economics
by HASHIZUME Daisaburo

講義をはじめるにあたって——日本をまともな国家にするために

日本は、むずかしい場所にさしかかったと思う。

＊

八〇年代の後半、日本経済が絶頂にあったころ、国中が消費社会のバブルに浮かれていた。あたるところ敵なし、この繁栄が永遠に続くかのように、人びとは錯覚した。人は、絶頂にあるとき、これが絶頂だとは思わない。バブルの渦中にあるとき、これがバブルだとは思わない。下り坂にさしかかり、すべての歯車が狂いだしてから、そうだったのかとやっと気がつくのである。

いま日本は、悲観論一色である。経済は先行き不透明。円安や低金利にもかかわらず、不景気は出口が見えず、回復の兆しがない。株安が進み、金融不安も囁《ささや》かれている。政治も混迷を深めている。政治改革は選挙制度を少しいじっただけで、期待外れに終わり、肝腎の、国民をリードする明確な理念をもった政党は登場しなかった。国際社会でも、日本の評判は地に落ちている。アメリカも、そのほかの国々も、日本よりもむしろ中国に注目している。最近は、ジャパン・バッシングはおろか、ジャパン・ナッシングとまで言われるようになった。湾岸戦争の右往左往、オウム真理教事件、阪神・淡路大震災時の危機管理のずさんさ、薬害エイズ、証券不祥事、官僚のスキャンダル、……。不名誉な出来事が続出し、日本の構造的な弱点があらわとなった。行政改革も、財政再建も、かけ声ばかりで進まない。このままじり貧の尻すぼみでも不思議でないと、かなりの人びとが思い始めた。

何かと言うと、すぐ悲観的になるのは、バブル時代にわけもなく楽観的だったことの単なる裏返しだから、あまり自慢はできない。

それにしても、どうして日本人は、ここまで自信をなくしてしまったのか。

それは、冷戦とともにひとつの時代が終わり、つぎの時代が始まったのに、その準備ができていないからである。

そこで、いま日本の置かれている状況を、見つめ直してみよう。

*

戦後の日本は、敗戦の焼け跡から出発し、経済大国への道をまっしぐらに歩んできた。日本の繁栄は、資本主義市場経済のおかげだと、誰もが思っている。たしかに、ソ連や中国のやり方と比べると、日本は資本主義にみえる。けれども、ほんとうに戦後の日本経済が資本主義的だったかと言うと、それは少し怪しい、と私は思っている。

たとえば、株式の配当が、どうしてこんなにわずかなのか。

日本の株式のうち、個人投資家の所有する割合はごく一部分だ。残りの大部分は、法人企業の所有である。株式会社が互いに株を持ち合って、企業グループを形成しているのである。法人は、配当に関心がないから、配当（株主への利潤の分配）が少なくても文句を言わない。配当率が低ければ、株式投資の利回りが悪くなるので、株は魅力がなくなる。そこで、個人が手放し、法人所有の株式がまた増える、という悪循環である。

資本主義経済は、資本家が企業を所有する経済のはずである。近代経済学の教科書にだって、マルクス経済学の教科書にだって、そう書いてある。企業は、資本家（株主）の所有物なのである。ところが、日本には、資本家など存在しないに等しい。こんなにわずかな配当しか受け取れない株主は、資本家でも何でもない。株主は、企業を所有しているわけでも、支配しているわけでもないのである。

会社はいったい、誰のものか？　社長のものだと思っている日本人が、多いのではないか。さもなければ、従業員一同のものだと思っていたりする。小室直樹博士に聞いた話だが、日本のある会社でストライキがあったとき、「株主は会社を私物化するな！」という立て看が出たのだという。年功序列、終身雇用の日本企業に勤めていると、従業員たちは、いつの間にか、この会社は自分たちのものだという気がしてくるらしい。ほんとうは、株主（資本家）のものなのに。

日本の会社は、経営者と従業員に乗っ取られてしまった。株主は会社に、何の発言権もない。株主総会を見ると、そのことがよく分かる。

株主総会とはそもそも、株主が経営者をとっちめる場所である。配当が少ないのはどういう理由か。業績がいまひとつなのは誰の責任か。経営者が会社の（つまり株主の）財産をネコババしたり、従業員の勤務態度が悪かったりしていないか。実質的な議論があって当たり前だし、株主が納得するまで何時間でも何日でも、経営者は説明の義務がある。さもなければ、経営者はクビなのだ。

ところが日本の株主総会では、株主が何か発言しようものなら、たちまち怖いおっさんにつまみ出されてしまう。一号議案、異議なし。二号議案、異議なし。……と、数分で済むのが、「正常な」株主総会ということになっている。日本の株主総会は、経営者が株主をとっちめる場所なのだ。

それでは、誰が日本の企業をコントロールしているのか。まず、株式を保有しているほかの企業（グループ）であり、つぎに、資金を融資している取引銀行である。それから、業界をとりまとめている監督官庁である。株主（資本家）の権限が強くなると、その分だけ、官僚の権限が弱くなる。官僚と資本家とは、天敵の関係にある。

監督官庁—業界団体—経営者。こうしたピラミッド構造を、日本株式会社という。どの業界も、官僚によって仕切られている。官僚に断りもなく、投資しすぎてもいけないし、ほかの会社と競争しすぎてもいけないし、従業員を解雇してもいけない。「業界の秩序」を乱してはいけないのだ。

官僚は、資本家を目のかたきにしており、所得を累進税率でがっぽり課税し、死ねばまた相続税をがっぽり取る。戦後日本には、資本家など存在できない。これがいったい、資本主義と言えるだろうか。

*

戦前の日本経済は、もう少し資本主義的だった。持株会社（たとえば、三井合名会社）があって、財閥を率いていた。利潤を目的に投資するれっきとした資本家（財閥本家）がいて、彼らに雇われる経営者（番頭）がいた。人材の引き抜きや、企業の買収は日常茶飯事。資本は、銀行からの借り入れでなしに、主として株式市場（直接金融）から調達されていた。

敗戦のあと、日本が占領されると、GHQは財閥解体を命じ、持株会社の株式を没収してしまった。軍隊も解体された。しかし、内務省（官僚機構）は解体されなかった。戦時統制経済の専門家である彼らは、資本家がいなくなったのをいいことに、日本経済を実質的に支配しはじめた。そして、官僚の言うことをきく経営者の集まり——財界——を通して、日本株式会社をつくり上げた。土地を担保に銀行が企業に金を貸す「地本主義」も、企業による株式の相互持ち合いも、日本株式会社の不可欠な構成要素である。

資本家が消滅すれば、企業は堕落する。

資本家は、企業が自分の所有物だからこそ、ムダを省き、効率と合理性を追求できる。経営者は、資本家（株主）の雇われ人だから、あくまでも資本家の利益になるように、企業を経営する。配当が高いほど、自分の有能さの証明になるから、企業の効率と合理性をとことん追求する。

いっぽう、資本家を放逐して経営者と従業員が乗っ取ってしまった企業は、利潤よりもシェア（企業規模）を重視するようになる。売上げが伸び、企業が拡大すれば、ポストも増える。従業員は出世のチャンスが増えるし、経営者は部下が増え、権限が増え、ステータスがあがる。利潤があがったら、配当に回す分をなるべく削って、企業規模の拡大に使う。これでは、せっかく生産ラインの生産性があがっても、本社の余剰人員が増えて、企業の効率が下がってしまう。

経営者にとっても、従業員にとっても、会社が大きくなるのはハッピーなことだった。戦後の経済成長が、これを可能にした。

＊

日本株式会社がうまくいったのは、原材料も資本も技術もふんだんに手に入り、製品の輸出先にも困らないよう、アメリカが手を回して、自分の市場を開放してくれたからだった。アメリカの存在なしに、戦後日本の繁栄はなかった。そして、アメリカがなぜそこまで親切だったかと言えば、そうすることがアメリカの国益だったからである。

こうしたなか、いくつもの花形産業が生まれてはしぼんでいった。繊維、造船、鉄鋼、家電製品、半導体、……。これらに共通するのは、貿易黒字を稼ぎだす輸出産業で、あまりやりすぎてアメリカと摩擦を生んでしまったこと、そうこうするうちに、優位を失っていったことである。輸出競争力は、低賃金や規模の効果に依存していただけで、本当の意味で企業の生産性や技術開発力が高かったわけではない。だから国際環境が一変すると、たちまちみるかげもなく落ちぶれていく。

日本の自動車産業も、同じことにならないと誰が言えよう。

問題は、自動車産業のあと、日本経済をひっ張るつぎの花形産業が見あたらないことである。

これまでの花形産業は、もともと外国にあった技術をそっくり頂戴し、価格と品質の面で差をつけることで、外国企業のお株を奪っていった。ところがこれからの先端産業は、かなりの基礎技術力がなければ、新製品を産み出すことはもちろん、その仕様を最新のものに更新し続けることもできない。この点、アメリカの優位は動かしがたい。バイオ関連にせよ情報関連にせよ、一〇年は日本の先を行っているという。しかもその差は、いっこうに縮まる気配がないのである。いっぽう、これまで日本が得意としていた分野では、韓国、中国などアジア諸国に追い上げられている。品質面で遜色《そんしょく》なく、価格は安い製品が出回り始めた。アメリカとアジア諸国の挟み撃ちで、立つ瀬がなくなっているのがいまの日本経済だ。

冷戦が終わってから、アメリカの国益も変わった。これまでならアメリカは、何かと文句を言いながらも、日本経済をかばってくれた。けれども、〝共産主義の脅威〟がなくなり、世界がひとつの市場経済に移行したいまでは、日本の面倒ばかり見ているわけにもいかない。日本の〝戦略的価値〟は、昔に比べれば小さくなった。世界の市場経済をどうにか切り盛りするのに精一杯のアメリカは、日本もいい加減に日本株式会社（奇妙な日本経済の運営方法）を何とかしてほしいと思っている。これまでのように、貿易黒字をため込む日本の体質は、世界経済にとっていい迷惑なのだ。

この期におよんで、冷戦時代のように、アメリカを頼りにしても仕方がない。日本は、自分の足で歩き始めるしかない。

ここで重要になるのが、日本という社会、国家のあり方を、一から大胆に構想する構想力である。

＊

しかしいま、日本人は、元気がなくなっている。自分たちの国家のあり方を構想するだけの、気がまえが失せている。経済大国、日本株式会社のなかでぬくぬくと暮らすうち、自分自身に対する自負心も、自分たちの社会に対する責任感も、自分たちの国家に対する誇りも、消し飛んでしまった。冷戦が終わったあと、日本が方向を見失い、足踏みを続けている根本的な理由がそこにある。

日本はよく、外国の人びとから、顔が見えないと言われる。日本人は、一人ひとりが、人間としての信頼を得られていないのだ。責任をもって、家族を営み、社会を構成し、国家を動かしているという感じがしないのだ。

そもそもなぜ、経済がちょっと下り坂になった途端に、日本人はこうも悲観的になってしまうのか。それは、日本株式会社が、日本人の拡大された自我（それなしに安心して生きていけないもの）にほかならないからである。戦争に負けた。軍事も外交もだめ。科学も芸術も大したことなし。残されたのは、経済だった。会社を立て直し、エコノミック・アニマルとなって必死に働いた。貯金が増え、ＧＮＰが大きくなっていくのをみて、やっと自信を取り戻したのである。

その日本株式会社が、解体しはじめた。だから、日本人はパニックに陥っている。いま日本をおおっている悲観は、単なる経済の問題でない。日本人が自我をどう再組織するかという問題である。

そして、これは、歴史の問題にも通じる。ここ数年、歴史の教科書や従軍慰安婦の問題が関心を集めているのは、偶然でない。

*

日本人は、歴史を見失った。

歴史は、連続しているはずのものである。けれども、敗戦を境に、前後が途切れてしまっている。「大日本帝国」と「日本国」、この二つがどういう関係にあるのか、はっきりしない。ここから、すべての問題が生じている。

たとえば、戦争責任。戦争をひき起こしたのは大日本帝国だから、責任も大日本帝国にあるはずだ。では、日本国にはないのか？　ないと言えば、周辺のアジア諸国から非難される。けれども、あるとも思いにくい。大日本帝国＝悪。日本国は、この大日本帝国と共通点があってはならない。さもないと、日本国、日本人が善良であることが証明できなくなる、と多くの日本人は思っている。善良であるなら、責任はないはずだ。

責任があるとも思えないことを謝罪するから、謝り方が無節操になる。そのいっぽう、「本音」をもらして、謝罪を帳消しにする大臣が出てくることになっている。それもこれも、大日本帝国と日本国の関係があいまいなことから生じているのだ。

大日本帝国は、台湾や朝鮮を併合し、アジアの国々を低くみる、日本人の拡大した自我のあらわれである。日本国は、アメリカの保護のもと、日本株式会社としてやってきた、日本人の縮小した自我のあらわれである。どちらも日本人の真実なのに、われわれは、その関係をつけることができない。前者が悪、後者が善、と切り離してすむ問題ではない。歴史をめぐって、世論はまっぷたつに分裂する。それは、日本人の自我が、分裂していることと同じである。日本人が、歴史を自分たちの手にとり戻すことは、分裂した自我を回復するために、避けて通れない作業なのである。

最近、藤岡信勝氏を代表とする自由主義史観研究会が、産経新聞に「教科書が教えない歴史」を連載し、「自虐史観」を批判している。戦前の日本がどこからどこまで悪かったというのは間違いで、よいところもあった。日本人は、それを冷静に見つめて、自信を取り戻すべきだ、というのである。これに西尾幹二氏や小林よしのり氏、大月隆寛氏らが賛同して、「新しい教科書をつくる会」を旗揚げした。そして、中学校の歴史教科書に、従軍慰安婦のことを載せるのはやめるべきだ、と主張している。このことをきっかけに、いま、日本中に論争が巻き起こっている。

大日本帝国＝悪という決めつけが、歴史を歪めるものだと指摘する点で、藤岡氏らは正しい。そうやって日本人は、歴史を見失ってきたのだ。しかし藤岡氏らが、教科書から自虐的な記述をとり除きさえすれば、日本人は歴史を取り戻すことができると考えているとすれば、それは単純すぎる。大日本帝国を生きた当時の人びとと、いま日本国を生きるわれわれと、その生き方のつながりがはっきり確認できたときにこそ、歴史は見出されるのではないか。

＊

日本人が歴史を見失ったのは、いまの日本国のあり方を、みずから選択しなかったからである。

たとえば、日本の領土。それは、どこからどこまでか。大日本帝国は、一九四五年に降服した（ポツダム宣言を受け入れた）。同宣言には、将来の日本の範囲は固有の領土、具体的には、「本州、北海道、九州及四国並に吾等の決定する諸小島に局限せらるべし」と書いてある。これを受け入れたことで、ポツダム宣言は、大日本帝国（そして、その後継国家である日本国）を拘束する、条約としての効力をもつことになった。そして、台湾、朝鮮が日本から独立することになった。

しばしば忘れられがちだが、条約は、憲法と似たような意味で、ある国民を拘束する。

一例をあげよう。ロシア革命によって成立したソビエト連邦は、ロシア帝国が外国と結んだ条約をひき継いだ。イギリス人が購入したロシア帝国国債の利子の支払いを、怠ったりはしなかった。革命によって打ち倒した憎むべき旧政府の負債であっても、それに責任をもつ。さもないと、正統な後継政府として、諸外国から承認されないのである。こうした国際法の法理は、イデオロギーよりも優先するのだ。同じ理屈で、江戸幕府の結んだ不平等条約を、明治政府もひき継いだ。大日本帝国の結んだ条約や国際的責務を、日本国がひき継ぐのは、だから当然である。

日本国の領土が「本州、北海道、九州、四国、およびその周辺の島々」なのは、ふつうに日本人が信じがちなように、自然にそうなっているのではない。こうした歴史的な経緯による。アメリカをはじめとする連合軍の軍事的圧力に屈した結果だ。ただし、いったん大日本帝国がそれを受け入れた以上、日本国民はそれを国際公約として、厳守しなければならない。そして、このことを確認したサンフランシスコ講和条約も、厳守する義務がある。このことをわかっていなければ、日本人に対する国際的な信頼は、生まれようがないのである。

ただし、「日本の固有の領土」以外の領土を求めてはならないけれども、どこからどこまでが「日本の固有の領土」なのかについて、外国と争うことならできる。たとえば、北方領土。日本政府の見解では、国後《クナシリ》、択捉《エトロフ》、歯舞《ハボマイ》、色丹《シコタン》の四島は、江戸幕府ならびに明治政府とロシア帝国との間に交わされた歴史的文書の示すところによれば、日本の固有の領土である。ソ連政府（のちに、ロシア政府）の見解は、これと異なる。となれば、国際紛争である。これは、ポツダム宣言やサンフランシスコ講和条約の課す日本国の義務に抵触しない。日本国が自由に主張できる問題だ。尖閣《センカク》列島（魚釣島）や、竹島《タケシマ》（独島）にしても、事情は同じである。

戦後、「北方領土を返せ」と叫ぶのは、右翼と相場が決まっていた。戦後知識人や進歩派の人びとは、冷淡か無関心だった。領土問題で要求を掲げるのは、大日本帝国の侵略的野心を復活させ、民族主義を煽ることになると、警戒したのであろう。たしかに、右翼の文脈はそうだったかもしれない。しかし、「日本の固有の領土」がどこからどこまでかをはっきりさせるのは、日本国民が当然に行なうことのはずである。領土問題を避けて通る態度のほうが、おかしくはないだろうか。

＊

過去の台湾、朝鮮統治に対しては、どう考えればよいのか。

「日韓併合はスムースに行なわれた」と発言した日本の大臣が、韓国の批判を受け、辞任した。軍事的な脅迫のもと、多くの朝鮮の人びとの抵抗を弾圧して行なわれた事実を、無視した発言だからという。そこまではよい。だが、さらにそれを進め、「日帝時代」の朝鮮統治は非合法であるから一切認めない、とする議論が韓国で行なわれ始めたという。そこまで行けば、行きすぎではないか。

台湾は、日清戦争（日本と清国との戦争、一八九四〜九五年）の結果、下関条約によって日本に割譲された（同時に日本は、清国から巨額の賠償金を獲得した）。以来、台湾は半世紀にわたって、日本に統治された。このことは、当時、台湾に居住していた人びとの意思に関わりのない、理不尽なことであった。しかし、植民地支配と帝国主義戦争が一般的であった当時の国際法に照らして、このことは合法であり、有効であった。

朝鮮の場合、もっと理不尽であった。明治維新ののち、日本には征韓論が台頭。砲艦外交で朝鮮に開国を迫り、不平等条約を結ばせた。閔妃《ビンヒ》殺害などの謀略によって、朝鮮の主権をつぎつぎ侵害し、最終的には統治権を奪ってしまう（一九一〇年、日韓併合条約）。このことは、朝鮮の人びとの意思に反することだった。けれども国際社会は、この条約と日本の朝鮮統治に異を唱えなかった。日韓併合条約は、当時の国際法に照らして合法であり、有効である。そう考える以外にない。さもなければ、一九一〇年から一九四五年にかけて、朝鮮半島には一切の合法政権がなかったという、奇妙なことになってしまう。日本の統治時代にも、朝鮮の人びとの権利関係を確定し、身分を保証する、さまざまな行政措置や裁判が行なわれた。それらの効力と正当性を認めなければ、混乱が生ずる。そのことによって困るのは、韓国の人びと自身のはずだ。

悪法も、法である。侵略者が押しつけた不当な条約も、条約である。韓国の人びとは、不当な条約を押しつけられ、独立をまっとう出来なかったという事実（自国のあるがままの過去）に、目をそむけず向き合うべきである。いっぽう日本の人びとは、大日本帝国が朝鮮半島の人びとに何をしたか、そのすべての事実（自国のあるがままの過去）に、目をそむけず向き合うべきである。それには、勇気がいる。しかし、これを避けて通るなら、不毛で調停できない民族対立がくすぶり続けるだけであろう。

＊

韓国との間には、いわゆる「従軍慰安婦」の問題もある。

中国との間には、南京大虐殺、七三一部隊、万人坑《ばんにんこう》そのほか、日本の数々の犯罪的侵略行為の問題がある。シンガポール、フィリピン、インドネシアなどの国々についても、日本の清算されない過去が問題として残っている。

これらが「歴史的事実」であるかどうかが、論争になっている。従軍慰安婦は「強制連行」されたのかどうか？　南京では、中国側が主張するように三十万人もの人間が殺害されたのか？　せいぜい数万人ではないのか？　そのほかにも確証のないまま、日本の戦争犯罪とされている事件が多いのではないか？　などなど。

歴史家が、学問的な活動として、こうした疑問を抱き、事実関係を調査するのは当然のことである。それは歴史家の務めであり、誰もそれをとめるべきではない。けれども、歴史家でない一般の人びと（われわれ）が、一連の事件の個々に疑問が出ていることを理由に、その疑問が証明されたわけでもないのに、それらの事件があたかもすべて存在しなかったかのように考え、行動するとすれば、軽率かつ非礼に過ぎると思う。「歴史的事実」が何であったか、を解明することは大切だ。しかしそれには、時間がかかる。水かけ論になって、いつまで経っても決着がつかない可能性もある。それよりもいま、もっと重要なのは、「歴史的事実」をわれわれがどう受けとめるかという、その態度をはっきりさせることだ。大日本帝国が過去、アジアの隣国に対して、これこれの合法的行為、不法行為、犯罪行為、侵略行為を行なった。そういう「歴史的事実」があったとして、われわれ日本国の国民はいったいいま、どう考え、どう行動するのが正しいのか。それを、じっくり考えてみることである。そしてこのことは、「歴史的事実」を解明することと切り離して、実行できる。

自分の国が過去に犯した過ちを、歴史の教科書に載せたり、歴史の時間に教えたりすると、自分の国に誇りが持てず、愛国心が抱けなくなる、という意見がある。ほんとうにそうだろうか。もちろん、「歴史的事実」でないことを、教科書に載せてはいけない。しかしそれは、都合の悪い過去をすべて歴史から排除することとは違う。都合の悪い「歴史的事実」であっても、それが事実であるとしたら、なぜ正面から向き合わないのか。事実と遊離した愛国心など、役に立つはずがない。ひとは夫や妻や肉親を、欠点があるけれど、ではなく、欠点があるからこそ、愛する。愛する対象を、あるがまま自分のもとに受け入れるからである。国家を愛する場合も同じであろう。問題は、その国家の一員であることを潔くひき受けるかどうかであり、その国家が完全無欠であるかどうかではない。

それでは、どういうとき、ひとは国民であることをひき受けるのか。

*

一九九六年の九月、私は平頂山《へいちょうざん》の「殉難同胞遺骨館《じゅんなんどうほういこつかん》」に立っていた。平頂山は、中国遼寧《リャオニン》省の瀋陽《シエンヤン》（旧奉天）市内からバスで約二時間、露天掘りで有名な撫順炭坑の近くにある。一九三二年の九月一六日（満洲事変――中国の言い方では、九・一八事変――の約一年後）、日本軍は「匪賊討伐《ひぞくとうばつ》」と称して、平頂山の村人約三千人を無差別に殺害した。まず、写真を撮ると偽って、全村民を村の一隅に集め、機銃掃射。さらに死体にガソリンをかけ、焼却して埋めた。遺骨館は、発掘したその現場をすっぽり覆うように建っており、回廊をめぐらせた中央に、約八百体の遺骨が折り重なるように横たわっている。

匪賊（ゲリラ）に対する報復が、この殺害事件の名目である。「見せしめ」のつもりもあったのだろう。決して正当化できない日本軍の行為である。平頂山の現場に立ってみるならば、そのことは一目瞭然である。そして、この事件は、数ある類似の事件のひとつにすぎないという。

抗日戦争の全期間を通じて、命を落とした中国人は、二千万人とも三千万人とも言われる。正確に何人なのか、という「歴史的事実」はさておこう。とにかくたいていの中国人は、親戚や知り合いの誰かに、日本軍に殺されたり、日本人にひどい目にあわされたりした人がいる、と思って間違いない。

中国の人びとと友人になって、家に招かれ、食事をごちそうになる。何度目かの訪問の際、紅軍に参加して日本兵と戦ったお祖父さんが、奥の部屋から挨拶に出てきたりする。「過去は過去、いまの日本は友人だ」「悪いのは軍部と帝国主義者であって、日本国民に罪はない」などと、言葉を選んで話しかけてくれるのだが、どう反応したらいいのか戸惑う。

私は戦後の生まれで、当時この世にいなかった。だから私は、関係ない。——そう言えれば話は簡単だが、なかなかそうは思えない。たとえば、私の知人（中国人）のZさんの父は民族資本家だったが、日本軍の指令で紡績工場を日本企業に安値で売り渡さざるをえず、一家は経済的に苦境に追いこまれた。いっぽう私の父は、そうした工場を買い上げて巨額の利益を収めた会社に勤めていた。私のまず平穏だった子供時代が、中国の人びとの犠牲のうえに成り立っていたとしたら理不尽だ。けれども、かと言って、私のあずかり知らない過去の出来事について、私が謝ったり、責任を感じて恐縮したりするのも、おかしい気がする。それをすれば、越権行為であり、偽善であろう。

そのどちらでもない、真摯ですっきりした考え方はないものか。

＊

私がいろいろ考えた結論は、こうである。

まず第一に。日本人は、日本で日本人と暮らしているあいだ、自分をひとりの個人（人間）だと思っていればすむ。あるいは、市民として政府に反対するぞ、と思っていればすむ。あるいは、過去の大日本帝国は自分に関係ない、と思っていればすむ。けれども、いったん国外（たとえば、中国）に出れば、否応なしに、自分が人びとから「日本人」と見られることを思い知る。日本人にひどい目にあった人びとにしてみれば、そこからまた別のひとりがやってきた、と思うのは当然なのだ。日本人であることによって、自分もある種の連帯責任を負っていると、覚悟しなければならない。

第二に。個人としてなら、ほかの人間の責任を負う必要はない。たとえ自分の親や子どもや親戚が、どこでどんな悪事を働こうと、自分には関係ないと言ってもよい。これが、個人主義である。親の負債の相続を、子どもは拒否できる。二〇歳を過ぎた子どもの犯した犯罪は、彼（女）が処罰されればよく、親は関係ない。法律的にも道徳的にも、そう言ってよい。ましてそれ以外のどんな人びとの行為に対しても、責任をとる必要はない。

けれども、国民としてなら、私もあなたも、日本国の行動に、1/N（Nは約一億三千万）の責任がある。国民（nation）は、国家を成り立たせる基礎となる人びとの集合体である。国家は、軍事・外交の単位であり、経済の単位であり、福祉・社会生活の単位であり、文化・歴史を共有している。日本国のメンバーであることで、私もあなたも、そこから保護と利益を受けている。税金を納めるなどの義務を果たし、選挙権そのほかの権利を行使している。日本国のメンバーであることで、私もあなたも、日本国の行為に対して責任がある。あたかもそれが、自分たち自身の行為であるかのように考えるべきなのだ。

この責任はもちろん、個人的な責任ではない。私もあなたも、日本国の行為を直接に左右できる権限など持っていない。しかし、外国の人びとは、それこそ日本国の行為にはまったく関係ない。彼らに何の責任もない以上、日本国の行為に責任があるのは、日本の国民以外にないのだ。

私もあなたも、好きで日本人に生まれたわけではない。それは選択の結果でなかった。しかし、それをいま、選択する（しなおす）ことはできる。選択した、と思うべきなのである。そうやって、日本という国家に対して責任を感ずることは、私やあなたにとって、主権者としての誇りである。人間であることの、尊厳である。人類の歴史のなかの、この場所、この時間に生きているというもっとも基本的な事実を、自分の人生の一部として引き受けることである。

国際社会は、さまざまな国民（国家）の集まりである。そのひとつを選ぶのは、国際社会に参加するための当然の前提であり、マナーなのだ。

＊

第三に。日本国民は、大日本帝国（過去の日本国）の行為に対しても、責任がある。それは、日本国が、大日本帝国の正統な（legitimate）後継国家であるからだ。日本国憲法は、大日本帝国憲法を改正したものである。大日本帝国憲法のもとで主権者であった天皇は退位せず、日本国の象徴（国家元首のようなもの）になった。日本国は、大日本帝国の条約上の権利・義務を継承した。これらの点からみて、日本国が大日本帝国の後継国家であることは疑いない。

けれども、日本国憲法の制定や、それにともなう国内改革は、連合軍の占領下に行なわれた。占領軍の最高司令官（マッカーサー元帥）は、日本の主権の上に立つ、超越的な権力を持っていた。日本国憲法は、彼の指示のもと、英文で起草されたという。そこで、日本国に移行するプロセスが、ほんとうに日本国民の意思であったのかどうか、多少あいまいになっている。

にもかかわらず、私はこう思う。戦後の日本は、この憲法のもと、半世紀以上にわたって国家を運営してきた。この事実は、日本国民がこの憲法を支持し、日本国を主体的にかたちづくっていることを意味している。ここをまず、出発点にすべきだ。

つぎに日本国民は、日本国が、大日本帝国の正統な後継国家であることを、積極的に引き受けるべきである。

日本国の国際的な地位は、日本の独立を定めたサンフランシスコ講和条約によって認められたようにも考えられよう。しかし、中国（中華人民共和国）、韓国、北朝鮮、ソ連はそこに加わっていなかった。北朝鮮やソ連（の後継国家であるロシア）との平和条約は、未締結のままである。日本国が、大日本帝国の正統な後継国家であることの証明は、まだ完了していないのだ。

敗戦によって解消した国家の、正統な後継国家であることを証明するには、交戦国のすべてと平和条約を調印し、賠償についての取決めを行ない、必要なら国境を確定する。戦前に結ばれた条約や、戦中に行なわれた行為の効力を確定する。要するに、すべての戦争責任をはっきりさせることが必要だ。そして、その責任を果たすことが、後継国家としての正統性（legitimacy）の証明になる。戦勝国によって占領され、裁かれただけでは、その証明にはならない。

戦争責任は、第一義的には、後継国家に課せられる国際法上の責任である。個々の国民が、過去の国家の行為について、反省したり恐縮したり謝罪したりすることではない。第二義的には、後継国家である日本国の国民が、大日本帝国がどういう行為を行なったかについて、その事実を十分に知ることである。歴史について関心をもち、歴史的事実を確定しようと努力を続けることである。これは、道義的な戦争責任だと言えよう。

第三義的には、過去の歴史を踏まえて、後継国家である日本国の国民が、いまどういう国家をかたちづくっているかを、国際社会にはっきり説明していくことである。そして、今後、適切に行動していくことである。そうやって国際社会の正常なメンバーに復帰することで、戦争責任が完了する。

湾岸戦争やPKO参加の際、「憲法が禁じているから、××はできない」という議論がよく聞かれた。なるほど、憲法が禁じている行為を、国家（の機関である政府）がすることはできない。しかし国民は、憲法を選択し、国家を形成する主体（主権者）である。もしも憲法が不都合であるなら、改正すればよい。そういう発想をせず、憲法によって自分の発想や行為をしばる議論は、国際社会の正常なメンバーとしては、あまりにも未熟な態度と言えよう。

*

戦後の日本人は、精神的に未熟である。そう思えて仕方がない。

それは、一人ひとりの人格のなかに、個人としての自己と、国民としての自己とが、独立して存在していないからである。別な言い方をすれば、両者を関係づけるはずの歴史をわれわれが見失い、個人と国民とを同時に自己のなかに抱えておくことができないでいるからである。歴史を失うということは、文化を失い、国家を失い、人間の尊厳を失うということなのだ。

歴史を取り戻すこと。それは、過去についての知識を増やすことではない。過去を、自分自身を形成した出来事として、再発見することだ。それなら、私にもあなたにも、いますぐできる。

本書が、その手助けとなれば、幸いである。

（一九九七年初出）

講座1

政治について考える

政治とは何か

政治ってなんだろう？
改まって聞かれると、誰でもまず、国会議員とか、政党とか選挙とかを頭に浮かべる。べつに間違ってはいない。しかし、それで話をすませるわけにはいかない。たとえば、江戸時代の日本には、国会議員も選挙もなかったけれど、だからと言って、政治までなかったと結論するわけにはいかないだろう。もっと根本から、政治について考え直してみたほうがよい。
そこで政治の定義ということになるわけだが、ここでは、つぎのように考えることにしたい。

〔定義〕 政治とは、関係する人びとすべてを拘束することがらを決定することである。

この定義を、私はあちこちでのべているので、読んだことがあるというひともいるかもしれない。でも、少しだけ注釈しておく。

まず、なぜある決定が人びとを「拘束」してしまうのか？　それは、権力によるのかもしれないし、それ以外の理由によるのかもしれない。これを論じ始めるとややこしいので、やめにしておく。

「関係するすべての人びと」とは、具体的に誰だろう。場合によりけりで、その範囲も異なる。家族でもよいし、村人でも、一国の国民全体でもよい。二人から始まって、上は何億人でもよいのである。

政治の本質は、この定義に尽くされていると私は思うのだが、そうすると、いたるところに政治をみつけることができることに気づくだろう。ある日、渋谷で待ち合わせたカップルが、「REX」を観るか、「ジュラシック・パーク」を観るかでもめている。片方を観れば、もう一方は観られない。おまけに二人の趣味は違っている。「関係する人びとすべてを拘束することがらを決定」しようとすれば、このようにややこしいことになるのだ。

恋人同士や、友人たちや、家族のあいだに働くのは、ミクロ（微視的）な政治である。ミクロな政治も立派な政治なのだが、ふつうはあまり政治とは意識されない。なんでも自分がものごとを決めないと気がすまない場合、「亭主関白」とか「かかあ天下」とか呼ばれることになっている。

ミクロな政治が、具体的な人間関係のやりとりのなかで自然に進行していくのにひきかえ、マクロ（巨視的）な政治のほうは、決定の手続きだけでも大変である。決定のプロセスが、会議や儀式のかたちで目に見えるようになり、誰でもそこに政治があることに気づく。人びとが政治と意識するのは、ふつうマクロな政治である。

マクロな政治は、大勢の人びとをひとつの社会にまとめておくために、どうしても必要なものである。大勢の人間が社会生活を営んでいれば、利害の相剋や対立が生じるのは当然だろう。実際に紛争が起こってしまったら、それを個々のケースごとに解決するしかないのであって、それが裁判だ。法律は、そのための規準となる。いっぽう、なるべく紛争が起こらないよう、大事なことがらは事前に決定しておいたほうがよい。これが政治だ。法も政治も、どちらも紛争を防ぐための技術なのである。

政治の制度と変革のプロセス

ミクロな政治と、マクロな政治の大きな違いは、後者が制度化しやすいことである。議会とか自治体とか国家といった制度は、マクロな政治制度の例である。

政治は、どのようにして制度化するのだろうか？

さっきの政治の定義に戻って、それを、つぎのような順序で考えてみることができる。

さきほどのように政治を定義すると、政治のやり方（＝関係する人びとすべてを拘束することがら」を、どのようなやり方で決定するか）も、関係する人びとを拘束することになる。たとえば、今年税金をいくら集めるかは、人びとを拘束するから政治的な決定だが、それを国王が決定することに決まっていたとすると、それも人びとを拘束していると言えるだろう。そして、この二種類の拘束は、微妙にレヴェルがずれている。前者は、何を決定するかという政治的決定のなかみであるのに対し、後者は、どうやって決定するかという政治的決定のやり方に関係している。そこで、政治制度を、つぎのように定義することができる。

〔定義〕政治制度とは、どうやって政治を進めるかが、決定されていることをいう。

もしも政治の進め方が、慣習によって決まっているのだとすると、誰かがそれを「決定」したわけではないのだから、それは「政治」ではない。もしも、なにかの手続きで決まったのだとすると、それは先の定義に照らして「政治」である。政治制度（政治の進め方）そのものも、政治的に決定されてもかまわないのである。

政治制度も政治的に決定されるのだとすると、そこに自己言及のようなループが生まれることになり、話がややこしくなってくる。だがまあ、あまりそのことは気にかけず、具体的な例でもって考えていこう。

すべてを国王が決めることになっている政治制度（王政）があり、これが慣習によって決まっていたとする。ということは、この政治制度の採用を国王が決めたのではないわけだが、そもそもそれは人びとが決定すべき政治的イシューではなかったわけだ。

そこへ一団の人びとが出てきて、王政をやめて民主政にしようと言いはじめた。これは、その国のすべての人びとを拘束する、政治的な決定である。しかしその国の王政は、こういう決定が政治のテーマになることを予想していない。そこでこの提案が、そもそも政治のテーマであるかどうかをめぐる、土俵の違う議論が巻き起こる。

この例を参考にするなら、政治制度を変えようとする提案は、たしかに政治のテーマではあるが、レヴェルの違ったもうひとつの政治に属する。これを「変革」ということにしよう。すると政治は、通常の政治のプロセス／変革のプロセス、のふたつに大きく分けて考えることができる。

┌（通常の）政治のプロセス……政治制度の内部で政治が進行
└変革のプロセス……政治制度と、その外とのあいだに働く力学を背景に政治が進行

＊

伝統社会では、政治制度が伝統や慣習によって固定されているので、変革のプロセスが進行することはめったにない。あるいは、変革のプロセスが制度化していない、と言って

もよい。

伝統社会では、政治制度とはこういうものだと、人びとは思い込んでいる。それを変化させるのは容易ならざることだ。たとえば、戦争。戦争の結果、それまであった政治制度はぶち壊される。戦争は、人びとを死をもって集団的に脅迫するようなものだから、彼らの考え方や行動様式を根本的に改めるきっかけとなりうる。もうひとつは、宗教。キリスト教やイスラム教に改宗した民族は、それまでの文化を脱ぎ去って、その宗教に特有の新しい政治プロセスを身につけることになる。宗教は、人間の考え方や行動様式をトータルに支配する、強力な文化プログラムなのだ。

民主主義の手続きと精神

さて、民主主義（ないしデモクラシー）と呼ばれる政治システムは、以上の伝統社会の政治と大きく違っている。どこが違うかというと、制度の変革を行なうメカニズムが、政治制度の内部にあらかじめ組み込まれている点である。言い換えれば、民主主義は、変革のプロセスを（通常の）政治のプロセスに組み込んだものなのである。

民主主義（ここでいうのは、近代民主政《デモクラシー》）の特徴を、復習しておく。

まず民主主義は、「法の支配」を出発点とする。社会のさまざまな制度が、権力者の勝手気ままではなく、すべて法に基づいていないといけないというのが、法の支配である。中国や日本の法は伝統的に、権力者の命令という体裁をとったから、権力者本人は法に従わなくてもよかった。法の支配はそれと違って、権力者といえども、法に従わなければならない。

第二に、民主主義は伝統的に、「法の創造」（人間が法律をつくり出すことができる）という考え方を特徴とする。ユダヤ教やイスラム教では、ほんとうの法は神が制定するもので、人間に法は作れないと考える。けれどもキリスト教の場合、そうした宗教法にあたるものがないので、人間（の集まりである国家）が主権（絶対の権力）をもって、法をつくり出すという考え方を認めることができた。この考え方さえ認めれば、大学設置規準法や製造物責任法みたいないろいろの法律を作って、その社会に新しい制度を作りあげることができる。

第三に、議会（代議制）のアイデア。議会には、選ばれた代議員が集まって、法を制定したり、予算（税金の使途）を決定したり、条約を批准したりする。代議員は、人民の代表として、議会で討論を行ない、多数決で決定を下す。こうした手続きをきちんと踏むことが、民主主義なのだ。

こうした特徴が組みあわさって、民主主義は機能する。それはひとくちで、〝人びとが自分たちの制定した法（だけ）に従って社会を組織していく制度〟だ、と言ってもよいだろう。

民主主義の本質は、ものごとを決定する手続きにある。手続きを重視するのは、なかみがどうでもよいという意味ではない。法律を作りかえることによって、どんどんよりよい制度に移行していってよろしい、ということを意味している。その意味で民主主義は、特定の価値にコミットするものではないのだ。

＊

ところで、民主主義の手続き自身も、法律によって定められている。この法律を民主主義の手続きで書き換えることによって、民主主義でない制度に移行してしまってもよいのだろうか。

理屈のうえから、それは可能だ。また、たとえばドイツ（ワイマール共和国）で全権委任法が成立し、ナチスの独裁が始まったように、そうした実例もある。人びとが同意すれば、民主主義は民主主義を否定する制度に変わることもできるのである。

このことを逆に言うと、民主主義は、手続きを守ること（だけ）でもって守られているのではない。手続きを運用する、民主主義の精神といったものも、じつは欠かせないのだ。民主主義が実現しようとしているのは、人びとが自分たちの運命を自分で決定することであって、自分たちの運命を誰かの権力に委《ゆだ》ねることではないのだから。

民主主義の精神は、要するに、思想（内容をともなった主義・主張）にみえる。これはさっき、「民主主義は特定の価値にコミットしない」と言ったことと、矛盾するように思われよう。けれども民主主義が、ふつうの思想といちばん違う点は、それが、複数の思想の存在を認めていることだ。人びとが複数の価値を信奉し、複数の思想を掲げているときに、それを無理にひとつにする必要はないと考える。「この思想でなければだめだ」とする価値絶対主義に対して、「どの思想でもよい」とする価値相対主義である。ただそれは、「価値絶対主義ではなく価値相対主義でなければだめだ」と考える、価値絶対主義でもある。パラドクシカルなことを言っているようだが、民主主義をつきつめると、このように考えるしかない。

足並みをそろえて進む世界

すべての人びとが政治に参加する近代の民主主義は、考えてみれば、ごく最近始まったばかりである。

なぜ近代社会が、民主主義を採用したかと言えば、それが社会の発展、資本主義の拡大に都合がよいからである。従来の伝統社会のように、慣習的に決まった制度の殻をかぶっていたのでは、昆虫といっしょで、大きくなれないし、無理に大きくなろうとすると、殻を脱ぎ捨てるのに莫大なエネルギーがいる。制度を少しずつ、自由に書き換えることができれば、ずっとスムースに大きくなれる。

しかし、近代社会を生み出すための条件が成熟していた欧米社会を除けば、民主主義が定着するのはむずかしかった。民主主義ではなしに、共産主義とか、ファシズムとか、開発独裁とかいったかたちの政権が生まれる場合も少なくなかった。二〇世紀の歴史をふりかえると、そうした政治体制の衝突が繰り返されていることがわかる。

ベルリンの壁崩壊に象徴される大きな変化が、五年ほど前から世界中を揺り動かしている。ポスト冷戦時代の幕開けである。

この変化をひとくちで言えば、〝世界各国が協調態勢をとるための構造調整〟だと言える。それがこの変化の本質だ。この角度から、世界で起きているさまざまな変動を整理してみよう。

まず、ソ連の解体。

中央集権的な計画経済にどっぷりとつかったソ連は、競争的な市場経済からも国際貿易からも無縁なまま、行き詰まりを迎えた。しかしソ連の体制は、崇高な使命を帯びた神聖政体だったから、おいそれと市場経済に道を開くことはできない。そこで、聖別された共産党の権威を否定する必要があった。こうして開始されたペレストロイカは、大きな混乱を巻き起こしたが、そのめざすべき終着点は、市場経済へ復帰し、資本主義の繁栄を享受することである。

つぎに、改革開放政策を進める中国やベトナム。

中国は中ソ論争を契機に、ソ連と違う道を模索し始め、市場経済を徐々に取り入れる政策を選択した。九二年末には、「社会主義市場経済」の看板を公式に掲げている。これは、共産党の政権と実質的な資本主義経済との共存体制を意味する。けれども、長期的にみれば、経済力と社会的実力とを蓄えた階層が多くなるにつれて、政治制度そのものもだんだん民主主義に接近していくだろう。

いっぽう、自由主義経済を営んできた西側諸国も、変容しつつある。

まず、ヨーロッパでは、EC統合が進みつつある。

これは、ヨーロッパの地位が相対的に地盤沈下してしまったのを盛り返そうと、ヨーロッパの各国が経済と政治の統合を進めようというもの。細かく分れすぎた国民国家の枠をはずして、関税障壁や各国ごとの規制を見直し、ヨーロッパ単一市場を形成。あわせて近い将来、政治的統合をも実現しようというものだ。そうすることでヨーロッパは、市場経済のメリットをこれまで以上に追求できるというわけだ。

これはとりあえず、ヨーロッパの枠のなかでの動きなので、アメリカとしてもこれに対抗せざるをえない。

第二次大戦直後のアメリカは、一国で世界のGNPの半分近くを占め、ドルを世界の基軸通貨とし、自由世界の安全保障をかって出るなど、強国としての揺るぎない地位を保っていた。しかし、戦後半世紀をへて、アメリカは、並みの大国になってしまった。レーガンの福祉切捨て↓小さな政府にせよ、クリントンの医療保険改革にせよ、民主主義のメカニズムのもとで、国内の制度を自由世界に共通のものに調整していこうという「改革」志向が一貫している。アメリカは、自由経済を国是とし自国の市場を開放してきたが、残念ながらその成果をいちばん享受したのは、アメリカ以外の国だったのである。

民主主義と市場経済が理想的に調和した、理想のモデルとみなされてきたアメリカでさえ、冷戦時代の後始末や、犯罪の増加、*双子の赤字など経済の構造的な問題に苦しんでいる。世界の国々が同じ経済制度、同じ政治制度のなかで、足並みをそろえて進んでいくのは、なかなかむずかしいことなのだ。

▼**双子の赤字** twin deficits　米国の財政赤字と貿易赤字を指すが、両者の間には「高金利→ドル高」という媒介項をはさんで密接な因果関係が存在することを認める立場から特にこう呼ばれている。

よりよく生きるための技術

フランスのランブイエで第一回のサミット（先進国首脳会議）が開かれたころから、各国の経済は密接に連関するようになり、今年の日本の経済成長率を何パーセントにしてほしい、などと注文がつくようになった。農業保護や、「非関税障壁」などのような社会構造も、例外ではない。国際的に理解の得られないような経済運営や社会慣行は、政治の努力によって、除去しなければならないのである。

日本は始め、こういう「外圧」をどうやってかわすか、というようなことばかり考えてきた。すると、外国は、日本の政治家や官僚は自国のことばかり考え、世界のことなどどうでもよいと思っているのではないか、と白い眼で見るようになった。これを理論的に展開したのが、リヴィジョニスト（日本異質論者）たちである。彼らの応援を得てアメリカは、日米構造協議や、数値目標の設定を迫る二国間交渉などをしかけ、攻勢に出るようになった。

自由化を農産物にまで広げ、世界がもっと市場経済のメリットを享受できるようにというのが、ＧＡＴＴのウルグアイ・ラウンドである。日本はここでも、愚かなことに、コメの自由化に反対し続けてきた。農村票を失うのが怖い自民党政権に、政策を転換する能力はなかったのだ。

自民党一党の支配のもと、かたちだけは民主主義でも、適切な政治的決定ができなくなって硬直した日本の政治システム。これをなんとか打破しようという改革のエネルギーを結集したのが細川連立政権だった。その最大の課題は政治改革だが、それはほんの入口にすぎない。政治改革がうまく実を結んでゆけば、自民党も社会党も過去のものになる。そのあといよいよ、日本の構造問題にメスを入れる、本格的な「改革」の時代が始まるのだ。日本の政治がきちんと機能し始めれば、世論の力(国民の選択)によって社会制度を新しくつくり直していくという、民主主義の本来の機能が働くようになるだろう。

*

政治のことなど知らないよと、斜に構えるのがカッコウがいいという時代があった。そういう人びとが、もし本気でそう考えているのだとしたら、彼らは政治がいたるところにあるということを知らないのである。あるいは、政治という人間のもっとも基本的な問題を、考えるだけの勇気が単にないのである。

自分のことに責任をもたない(もてない)子どもや奴隷に、政治の話は無縁だ。政治についてまともな態度をとれないなら、子どもや奴隷の精神状態と大差ないと思われても仕方がない。政治について、自分なりの態度をもっているのは、人間としてもっとも基本的な条件のひとつだと思う。消費社会の底が割れ、改革の時代が始まったのに、こういう単純なこともわからないひとがもしいたら、これはちょっとどうしようもないのではないか。

人間は、社会的な動物である。共同生活をする限り、なにごとかを決め、それに従って生きていく以外にない。そういう政治の恩恵を、あなたも受けているはずだ。それなら、よりよく生きていくため、政治に関わるのは不可欠のはず。政治は、けっして政治家のものではない。あなたがよりよく生きるための、基本的な技術のひとつなのである。

（一九九三年初出）

日本の政治権力はどのように作動するか

1

日本社会がどのように政治権力を作動させるかについて考察するため、基礎的な概念を整理するところから出発しよう。

政治の定義については、前章「政治とは何か」にのべた。

いっぽう、権力を、以下のように定義できる現象だと考えることにする。

〔定義〕（狭義の）権力：ある人間が別の人間に対して、不可抗な力を及ぼすことができるとき、それを権力という。

ある人物A、Bがいる。たとえばAは上司、Bはその部下である。Aが命令を下せば、Bは従わなければならない。気が進まなかったとしても、内心反対だったとしても、どうしようもない。どうしようもないから「不可抗」である。こういう場合に、A↓Bへ権力が働いていると考える。

ところで、よく考えてみると、Bは、Aの命令なら何でも従わなければならないわけではない。たとえば命令は、適切である（上司の権限内である）必要がある。命令が実際に効力を持つためには、一連の条件を満たしていなければならない。そこで、A↓Bへの権力を成り立たせている社会的な条件の総体を、「権力関係A↓Bの社会的文脈」とよび、C(A, B）と表わすことにする。たとえばある会社があって、そこでは人びとがAを上司、Bを部下だと思っていること、などがそうである。

権力の不可抗である部分は、この社会的文脈からもたらされている。そこで、この社会的文脈から権力関係の両当事者に力が及んでいると考え、これを「広義の権力」とよぶことにしよう。すなわち、

〔定義〕（広義の）権力：社会的文脈から、権力関係の当事者に及ぶ力を、広義の権力という。

広義の権力を模式的に、「C(A, B)⇩A→B」（下図参照）と書くことができる。

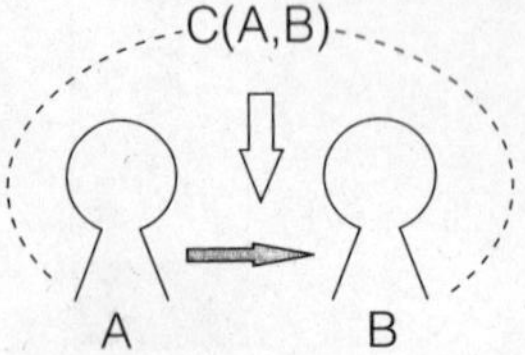

*

ここでひとつの問題は、権力関係の両当事者、Aが理解する社会的文脈とBが理解する社会的文脈とが、等しいと言えるか、ということである。すなわち、

$$C(\underline{A}, B) = C(A, \underline{B})$$

が成立するか否か。

この等式は、一般に成り立たない。$C(\underline{A}, B)$はAの理解する世界、すなわちAの構成する現実の一部分である。同様に$C(A, \underline{B})$はBの理解する世界、すなわちBの構成する現実の一部である。現実は、A、Bがおのおの心的に構成するものだから、両者の一致を言うことはできない。

同じことを、別なふうに言うこともできる。社会的文脈(コンテクスト)は、現前しない(一般に、現前しない部分を文脈〈コンテクスト〉とよぶのだから、これは同語反復である)。それは、社会的行為(この場合は権力関係)の当事者(AやB)が、彼らの行為の前提として想定する「現実」の一部分なのである。したがって、

〔Th〕社会的文脈は、権力関係の当事者によって、明示的には共有されない。

にもかかわらず、権力が実効的であるためには、当事者が、社会的文脈が一義的に確定していると「信じている」ことが必要である。これは、当事者の誰かが、社会的文脈が何かについて、必要に応じて指示・言及することができ、他の当事者がそれに明示的に反対しない、という事態にほかならない。先ほどの例で言えば、Aが現実の定義権を握っている、ということに相当する。誰かが現実の定義権を握るというそのことも、社会的な出来事であって、人びとの現実に繰り込まれる。人びとはなんらかの現実を信じなければ生きていけないわけだが、その現実を誰かから受け取ったとたんに、その現実の与える権力の効果のなかにとらえられてしまう。

＊

2

われわれの定義による「政治」は、まさしく権力が作動する現場であることになる。なぜなら「関係する人びとを残らず拘束することを決定」するなどということは、それが可能であると事前に誰かが考えなければ起こるはずのないことだからだ。ある決定が行なわれたということ自体が、人びとのゆるぎない現実（行為前提）になる。

さて、ミクロ〜マクロなあらゆる社会領域に拡がる政治のうち、もっとも重要なのはその制度化された最大規模のもの、すなわち政治的国家である。国家は、政治制度の典型であると考えることができる。

政治制度については前章でものべたが、それをあらためて、つぎのように定義しよう。

〔定義〕 政治制度：ある社会の全体に関わる意思決定の機構を、政治制度という。

社会とは人びとの相互行為の集積であり、社会関係のネットワークである。そこにはさまざまな政治が隠れていよう。そのなかで、実効的に行なわれる意思決定の極大な範囲、それを社会の「全体」とここではよんでいる。ある場合にそれは、首長に統率される部族集団である。またある場合にそれは、近代の主権国家である。

このように定義した政治制度の、政治的決定としての特徴は、その外側に残余の人びとを残さないことである。もっとずっと小さな範囲の政治、たとえばある組織や集団で密接な利害をとり結ぶ人びとが存在するであろう。それらを参照することで、その組織や集団内部の権力関係は正当化されている。それに対して政治制度は、極大な政治的決定のメカニズムであるために、単なる正当化とは違った、正統化のロジックに頼らざるをえない。

政治制度は、正統化を必要とする。正当化の特殊なあり方である正統性（legitimacy）の問題を考えるため、まず正当化一般について考えておこう。

＊

ある権力関係を不可抗のものにする方法のひとつは、それをもっと強力な別の権力（権力源泉）に関係づけることである。この権力源泉は、問題の権力関係の背後にある社会的文脈のなかに探されるだろう。以上を、権力の正当化（justification）の一般形と考えることができる。

C(A, B)：文脈 →……権力関係を備給するための根拠を参照
⇧
A→B：権力関係

権力の正当化とは、それだけでは微弱で根拠のあいまいな権力を、いっそう強力な権力（もしくは人びとが同意していることが明らかな根拠）に関連づけて、補強することである。権力者の意志を代行していることを示すこと、法を参照すること、慣習を参照すること……。これらはいずれも、権力の根拠に言及する様式である。

政治制度は、権力関係の集積からなる。それは、不可抗な決定の連鎖を、社会の全体に及ぼしていく。そうした権力関係のひとつひとつを考えれば、この外側にそれを正当化する他の権力源泉をみつけることができるだろう。しかしそれらを総体として、すなわち政

治制度として考察するならば、その外側には、もはや権力源泉を見出すことはできない。

政治制度の場合に生ずるこうした問題を、さきの権力の正当化と対比して、権力の正統化の問題と呼ぶことにする。それは、つぎのように示せる。

C(P, Σ)：正統性の根拠

⇦　→

P→Σ：政治制度＝Σ権力関係

ここでPで示したのは、政治制度における権力の作動の中心とでも言うべきもの（近代国家で言えば「主権（sovereignty）」）である。またΣで示したのは、その社会で権力の効果を被るすべての人びとである。

政治制度は、その社会で考えられる可能な権力関係のほぼすべてを包括しているはずである（権力の中心と連結していない、単離した権力関係――イギリス本国に対するロビンソン・クルーソーとフライデーのような――は除く）。こうした権力関係の「総体」（P→Σ）は、ミクロな権力関係（A→Bのような）のようには、現前しない。それは、観察可能なものではなく、たかだか「思考可能」なものにすぎない。にもかかわらず、それはA→Bとおなじように、正当化されて当然だと人びとは考えるだろう。ところがこのことは、可能でない。なぜならば、仮想的な権力関係P→Σの外側には、それを根拠づけるどんな社会的文脈も存在しないからだ（C(P, Σ)＝φ）。こうして、権力関係の正当性とは違った政治制度固有の正当化の問題、すなわち正統性の問題が生ずる。

*

政治制度を正当化するには、つぎの二通りの方法がありうる。

(1)　C(P, Σ) として、P→Σそれ自身を代入するやり方。――これは要するに、P→Σ⇒P→Σとのべているに等しい。ひらたく言えば、ある政治制度が現に人びとを支配しているのだから、その制度は正当だ、という主張である。この主張は、つぎの瞬間に、同様に主張する別の政治制度によってくつがえされてしまうかもわからないのだから、正当性を主張するにしては脆弱このうえない。

(2)　C(P, Σ) として、(P→Σ)$^{-1}$ を代入するやり方。これは、ふつうの言い方に直すと、過去（一時点前）に実効的な支配が成立していたという事実を、現在の政治制度が正当であることの根拠として引照するものである。この引照は、一段階だけでは終らず、さらにもう一時点前にさかのぼり、どこまでも続くだろう。こうして、〝正統性の系統樹〟ができあがる。伝統社会の王権に典型的であるような、古典的な支配の正統性は、すべてこのような正当化の様式をもっている。

⑵の方法は、どういう政治制度が正当なのかを、機械的に指定するもので、⑴のような事実問題による正当化から絶縁しているようにもみえる。しかしそれは、正しくない。まず第一に、王位の継承の場合でさえ、それは機械的な規則の適用であるよりは政治の問題である。多様な選択肢からどの政治制度の可能性が選択されたかは、⑵の引照によっては正当化できない。また王位簒奪《さんだつ》の危険さえつねにあるのだ。結局、正統性の弁証は不完全なもので、それ自身が権力的な決定の内部にある。つまるところ、⑴の条件は、どのような政治制度にとっても必須のものなのである。それゆえ、政治制度の正当化には、⑴の要素と⑵の要素がかならず混在している。

3

つぎに考えたいのは、前節でのべたような正当化の論理を持つ政治制度一般に対して、日本の政治制度はどういう特徴を持っているのかということだ。

まずわれわれは、ひとつの仮説から出発する。

〔仮説〕日本の政治の原則は、〝全員の合意を正当化の最終根拠とすること〟である。

この原則を、いまのべた二通りの正当化の方法と比較してみると、どちらとも微妙に喰い違っている。あえて定式化するなら、C(P, Σ)を可視化(現前化)すること、と規定できるだろう。

*

日本でなにか政治的決定をする場合には、ほとんどすべての場合、つぎのような手順を踏む。

①(潜在的な)関係者全員の集合を考える。

②決定のたびごとに、関係者全員が集まる(不在者は権利放棄とみなされる)。

このような手順を踏むのは、明示的に権力が働くのを嫌うためである。権力は、誰かがまず意思決定を行ない、それを不可抗なものとして別の誰かに押しつけるところに生ずる――これが日本人の理解であるから、権力はないに越したことはないと考えられている。権力の作用がミニマルなのが最善だというのは、日本人のイデオロギーなのだ。

権力が働いていないことを実証するには、意思決定に先立って合意があったことを示せればよい。本人が同意したことは、不可抗ではなく自発的なものである。こうした考え方が、①〜②の手順を支えている。

以上を定式化して、つぎのように書くことが許されよう。

C(P, Σ) = R(Σ)

ここで、R(Σ) とは、関係者の全員が集まっていることを表わす。等式そのものは、左辺（政治的決定の正当化）が、右辺（関係者の集合的現前）によって代補されていることを表わす。可能的な関係者全員の同意を、政治的決定の正当性根拠にしようというのが、日本の政治的決定のやり方である。

しかしもちろん、この現前（R）は完全ではない。それは機会的な集合にすぎず、誰かが偶然の事情で不在であることを阻止できないからである。したがって、右の等式も完全ではありえない。正当化が十分な成功を収めない。

二つのことが、ここから帰結する。

ひとつは、不在者との潜在的な敵対関係。現前しなかったメンバーは、同意を与えそこなったのだから、決定の正当性を揺るがせる不協和音になる。潜在的には敵対者であるとさえみなされてしまう。

不在者の同意をうるには、改めて不在者を囲む会合を開けばいい。しかし、この会合自身もやはり機会的な集合であることには変わりはないため、新たな不在者を生んでしまう。結局、不在者を完全になくすことは不可能である。

もうひとつは、外部との潜在的な敵対関係。関係者の全員を集めるとは言っても、声をかけるかどうかの境界線は明瞭でない。境界線の外側の人びとは最初から、政治的決定から排除されている。さらに、政治的決定に加わった／加わらない、という経験の差異が、現実認識の落差（リアリティ・ギャップ）を生み、人びとの間に新たな垣根をめぐらしていく。

関係者全員の極大集合は、その補集合としての〝外部〟を生む。この〝外部〟に対しては、定義上、同意をうるすべが残っていない。外部が、内部からの働きかけに動かされず、逆に内部に力を及ぼしうることが、「外圧」である。外圧を利用すれば内部の意思決定を有利に導く可能性が生まれる。

＊

さて、関係者全員が集まれる集団のサイズには限度がある。より大きな範囲で意思決定を行なうには、したがって、さきほどの手順を重層的に適用する以外にない。いくつかの集団やグループがあって、それぞれが①〜②の手順でもって意思決定をしているとしよう。これを束ねて一丸とする上位の政治的決定が必要となる場合、通常はつぎのような手順が踏まれる。

③（潜在的な）関係するグループ全体の集合を考える。

④決定のたびごとに、関係するグループのメンバー全員が集まる（不在者のグループは権利放棄とみなされる）。

集まるメンバーは、グループのいわゆる「代表」ではない。どういう資格・権限でその場にいるのかはあいまいである。ただ彼がその場にいることで端的に、彼のもともと属するグループがその場にいるものと解されるのだ。ここで生じているのは、現前（プレゼンス）の拡大である。ここでは、つぎのような読み換えが起こっている。

C(P, Σ) = R(R(Σ))

こうした読み換えは、さらに何段階にも生じうる。そこでは、いわば「現前の系統樹」のようなもの（R(R(R……）が生じることになる。

ここで多重に重層する大小のグループは、それぞれに現実認識の差異（リアリティ・ギャップ）を抱えているはずだが、それを整合させる一般的な方法はない。なぜならここでは、多数決のような権力の発動を考えないからである。その落差をどう埋めるかは、異なる現実を体験してしまった個々のメンバーに任されている。

このような政治的決定の手順によって、社会の全域が覆われているのが日本であるとしよう。すると、つぎの帰結が生ずることになる。

*

〔Th〕日本では、政治制度を「正統化」する動機がほとんど、あるいはまったく働かない。

その理由を、つぎのように考えることができる。

すでにのべたように、ある社会の全体に関わる政治的意思決定の機構が、政治制度であった。日本社会にも、政治的な意思決定のための極大な機構は存在するはずである。極大な機構は、その社会の全体を被覆する。ゆえにそれは、政治制度であることの条件をそなえている。

さて、ここでもし制度的な権力関係が成立しているなら、それをP→Mと書けるはずである。そしてその正統性根拠は、C(P, M)と表わされる(第2節)。これが実は空集合(φ)であることが、正統性論の出発点だった。

ただしこれは、あくまでも、西欧的な権力のあり方を規準にすればの話である。日本では、権力は、自分が権力であることを隠そうとする。そのため、権力の作用(P→M)はR(M)(=全員が集合することで示された合意)によって置き換えられてしまう。また正統性の根拠であるはずのC(P, Σ)は、人びとの現前R(Σ)⇩R(Σ)として自明に(=自動的に)成立してしまい、それ以上に展開する余地を残さないのである。

以上をまとめると、つぎのようになる。

C(P, Σ)＝φ　⇦　C(P, Σ)〜R(Σ)

P→Σ〔西欧型権力〕⇦　P→Σ〜実はR(Σ)〔日本の権力〕

*

これと関連して、もうひとつの帰結が生じる。

〔Th〕日本の権力は、権限や権利のように、対象化されて結晶することが稀である。

権力の所在が指示され、命令され、配分されてはじめて、権限や権利の概念が析出してくる。権限や権利は、権力というきわめて一般的な現象そのものと不可分なのではなく、たかだか権力をめぐる二次的な現象である。したがってそれは、文化的、歴史的な起源をもつ。

このようなことが可能であるためには、まず権力の存在(A→BまたはP→Σ)が、人びとに認知されていなければならない。権力者（意思決定者）と服従者の区別があるからこそ、権力が権力者のものであるということになる。ところが、政治的意思決定が、関係者の現前R(Σ)を前提にする場合には、それは、人びとの合意をまってようやく実効的なものになる。権力は（かりにあったとしても）、権力者のものである以上に、服従者のものなのである。そして、服従者のものである権力は、厳密には権力でさえない。権力の存在が社会的文脈から切断されていないうちは、それは対象的な存在とはならない。人間関係を離れて、そこに権力があるかどうかを確定できないのである。

権力関係（A→B）における、権力者Aの行為可能領域が、権限。それに対して、対等な行為者C、Dの行為可能領域が、権利（義務）である。これら権限も権利も、法によって、最終的には政治的権力によって、保証される。そうして、権力は、あたかも物在であるかのように、確実に存在しはじめるのである。

しかるに、権力を権力関係として記述することを好まず、政治制度の正統性を弁証することに熱心でないような社会では、このような権力の物在化、客観化は遅々として進まない。日本の伝統社会の理念的モデルは、だいたいこのようであった。

われわれの生きる現代の日本は、いっぽうで人びとの現前（R(Σ)）を重視する傾向を色濃く残しながら、もういっぽうで近代的な法・政治制度を取り入れるという道（ハイブリッド化）を歩んでいる。ここで当然、多くの矛盾や軋轢が生じ、さまざまな現象が生じるのであるが、それらの点についてはまた機会を改めて論じるとしよう。

（一九九二年初出）

日本の民主主義

戦後民主主義とは何なのか

戦後五〇年、日本の社会構造のほころびがあちこちに目立つようになりました。阪神・淡路大震災のときの政府の対応に[*]、国民は失望し、国家への不信感がつのりました。戦後民主主義はやっぱりだめだ、いや、民主主義そのものがもう無力だ、という声が拡がっています。

▼**阪神・淡路大震災のときの政府の対応**　一九九五年の阪神・淡路大震災発生の際、政府の対応が遅いと批判されたことをさす。震災発生時の早朝、官邸には、危機管理を担当する当直は存在せず、災害対策所管の国土庁にも存在しなかったため、その先の情報収集、状況判断、意思決定、具体的な対策という一連の対応に重大な遅れと混乱が発生していた。遅れの全貌が明らかになるにつれ日本の危機管理体制のいい加減さが露呈し、当時の村山内閣は激しい批判にさらされた。

しかし、何かあると、政府が悪い、国家が悪いと国民が騒ぐことこそ、戦後民主主義の悪い癖であり、本来の民主主義とは似て非なるものなのです。このこと自体、日本に民主主義が根付いていないことを示しています。日本の新しい社会構造を模索しなければならない今こそ、まず民主主義の根本に立ち帰るべきです。さもないと、自分で自分の社会を再構築することなど、決してできないでしょう。民主主義を問う、この問題を大きく掲げることが、ポスト戦後五〇年の日本社会の課題となるのです。

＊

そもそも民主主義は、それ自身が、パラドクシカルな概念です。そして、実際にそれを運用しようとすると、とてもむずかしいものなのです。

具体的に言いましょう。人権と国家主権。この二つを両立させるのが、まず極めつきの難問なのです。

人権とは、一人の人間が、他の人間や、国家や、宗教や文明や、自分以外のあらゆるものから完全に独立していて、どんな他人にも指示されることなく、自分のことはすべて自分で決めていいという原則です。自分だけが自分の主人。個人が絶対的主体になっている。ところがこうした個人は大勢いて、一緒に住んでいるわけですから、そこには秩序がなければならない。その秩序の最高の形態を国家と呼びます。そして国家は、絶対の権限、立法権や司法権、行政権、外交権、軍事権などを持つと決めた。この考え方は古代にも、中世にも近世にもなかったのですが、近代になってはじめて、国家は（人間のつくったものでありながら神のごとくに）全能なものとしてイメージされた。これが近代の国民国家です。そして、国家主権は絶対である。

個人の絶対化と、国家の絶対化。この二つがなければ近代民主主義は成り立ちません。しかし個人も国家も絶対の主体であれば、果たして両立できるのかという矛盾が生じます。たとえば国家だけが絶対的で、個人がその奴隷であれば、矛盾はなくなるけれども、それは民主主義ではない。逆に個人が完全に自由であって、国家という枠組みがないなら、ここにも論理的な矛盾はないけれども、ホッブズ☆が自然状態と述べたようなエゴとエゴのぶつかりあいが生じます。結局誰も、自分の権利を守れません。

民主主義は、そのどちらでもなく、個人も絶対の主体であり、国家も絶対の主体であるという、まことに矛盾した前提から出発する制度なのです。こんなことがそもそもありうるのか？　ありうると考えるのが、民主主義です。

民主主義国家はいつも、このパラドックスと向きあっています。たとえば、アメリカでは、連邦政府の権限と自分の権利が矛盾するかもしれないことは常に意識されていて、何か問題があると大騒ぎが起こります。これを日本人から見ると、アメリカは非常に問題の多い社会に見えますが、そうではない。むしろ日本に問題がないように見えたことのほうが問題で、民主主義がきちんと運用されていなかったということなのだ。日本の市民社会は、民主主義に根本的なパラドックスがあることすら、認識していないレヴェルなのです。

民主主義とは制度論。制度はフィクションだから機能する

では、民主主義という思想はどうして現れてきたのか？

私はこれは、キリスト教の読み換えだと思います。

キリスト教の構造を考えてみると、人間一人ひとりは、他の人間に服従しない、霊魂の自由、信仰の自由を持った絶対的存在者です。同時に神も、何ものにも束縛されず、宇宙からさえ自立している。この絶対神のもとに、人間が自分の主体性を持ったまま従うという大きな矛盾があるのですが、それは信仰という名で覆い隠されてきた。テルトゥリアヌス☆という人は「不合理ゆえに吾信ず」と言いました。ギリシャの論理学で考えると、キリスト教の三位一体論などイロジカルで説明がつかないわけですが、だから信じないのではなく、イロジカルだからこそ信じると宣言したわけです。この結果、矛盾を追究する道は断たれました。その精神はずっと受け継がれてきた。

宗教改革と宗教戦争を経験した人びとは、神の話をしないで社会を組織しようということになり、神に代わるものとして国家権力がつくられたのです。神が国家主権に置き代わ

ったただけで、このパラダイムで考えていく限り、国家主権の絶対性、そして人間一人ひとりの絶対性の両方を前提にして考えざるをえない。民主主義とはつまるところ、このパラドックスをどうやって運用の中で解消していこうかという方法論、制度論なのです。

*

ここでひとつ大事な点は、個人が絶対であると言い、国家が絶対であると言っても、それはあくまでモデルであり、フィクションだということです。国家はまだしも人間が設計するものだから、絶対主権を持つもののようにつくれますが、人間なんてそんなに何でもかんでも自分で決められるほど主体的ですか？　他人に頼るしかない子供や老人、病人だっている。フェミニズムが抗議しているように、女性だって自分のことを自分で決めてはこなかった。男性にしても、企業の歯車だったり受験戦士だったり。人間は自分のことをすべて決めているというより、お互いに影響しあっているというほうが正解です。

だから、個々人が主体であると言っても、それは分かりやすい符牒でしかなく、人間の実態は必ずそこからずれているわけです。それを全部考えないと、人間の全体はとらえられない。でも、そこを考えていたら制度はできないから、バッサリ削って、人間はみな同じ主体であると考える。では、無視された部分はどうするかと言うと、それは民主主義のような制度論や法律論では扱わず、文学とか芸術とかに任せる。そうした領域が、人間の実際と制度の建て前との間のギャップを埋めていくのです。そういうふうに分業するのは、人間の精神のあり方として健全ではないでしょうか。

日本の伝統思想には、民主主義の土台が見あたらない

パラドックスを引き受けながら、民主主義をうまく運営するにはどうすればいいか？　まず人間一人ひとりが実在していて、しかもみな自分の主人である。それを絶対に確実なことだと信じることが、出発点です。それに比べれば国家は、絶対かもしれないけれど、所詮は制度、作り物です。ですから、国家と人間が矛盾するとなったら、やはり人間を取らなければならない。これは常識というものです。しかし民主主義は、人間よりも国家をとることも可能なわけで、そうなればファシズム、全体主義、もしくは共産主義になります。

日本はどっちなのか？　これは大問題で、歴史学者は戦前日本の天皇制を、ファシズム・全体主義と分析しようとしましたが、しかしどうもそうでもないのです。それから戦後は、一応見かけは民主主義になったけれど、仔細に見てみるとやっぱり民主主義国家とは言いにくい。確かに戦前と戦後では、日本社会は変化しました。しかしそれは、ファシズムから民主主義になったのとは、ちょっと違うと思うのです。その変化の実態はまこと

に曖昧で、これを解明することに日本人の思想的課題があるわけです。アメリカのような民主主義国家と同時代を生きるわれわれとしては、自分たちの社会がどういう社会で、どういう変化を遂げてきたのかを、自分たち自身でも理解できるようなきちんとしたストーリーとして主体的につくりあげ、国民に向かって広く訴えかける必要がある。

日本は歴史上、一神教の考え方、キリスト教の考え方を一度として受け入れたことがありません。そのかわり、あまりはっきりしたものではないのですが、日本独特の世界観、宇宙観を持っていました。そのベースは仏教であり、神道、儒教です。この三つはまったく別々のものですが、日本人はそれらをだいたい同じものだと考え、それぞれ都合のいい部分を都合のいいように解釈しながら、自分たちの社会を運営してきた。明治以降、神道の元締めとなる天皇も、江戸時代は仏教徒で、仏壇を持っていたのです。

こういう曖昧な日本人が政治秩序を形成しようとしても、当然、民主主義になるわけがない。民主主義は絶対的な神（あるいは国家）と絶対的な個人、という考えがないと運営できませんが、日本の伝統思想のどこを探してもそんな意識はまるでないのです。儒教の考えでは、聖人が一番偉く、次が皇帝、官僚……と下ってきて、学問のない一般庶民は小人という具合に、人間には違い（差別）があると考えられている。民主主義の、人間はみな平等、という考え方とは対極的です。仏教や神道の考え方は、現実社会に無関心ですから、哲学めいたものはあっても、国家論がない。ということから、日本人は民主主義とは異なる自分たちの政治システムをこしらえなければならなかったのです。

日本人の国家権力嫌いは、律令政治の昔から

日本人がつくった政治システムには、大きく分けて二つあります。最初は律令政治。当時のワールド・エンパイアだった中国を、何から何まで真似たものです。これは最初よかったのですが、一〇〇年、二〇〇年と進むうち、だんだん日本人と何となく肌が合わないとわかってきます。官僚制も、都市づくりも軍隊組織も倣いました。しかし、官僚制は機能せずにすぐさま世襲化し、軍隊も正規軍として募集するよりも豪族の身内で集まった方が戦闘力が発揮できる。そうしてとうとう、中国をモデルにすることをやめてしまった。

次に主役に躍り出たのが武士です。武士のいちばんの問題点は、彼らがもともと泥棒だということです。もともと貴族の所有地を警備していたはずが、いつのまにか泥棒になり、気がついてみたら、貴族の所有地を全部取り上げていた。これが武家政権です。こうした政権が、江戸時代まで続いていたわけですが、その実、武士たちは自分たちの支配の正当性についてずっと疑いを抱いていた。天皇の子孫であるとかいう伝説をふりまいたりしましたが、要するに他人の土地を横取りした連中なのです。

こういう状態では、支配者（つまり国家）と民衆との関係が、民主主義とはまったく違った様相を帯びてくる。国家は民衆にとって、税金をかっさらっていく存在であり、法律を押し付けてくる存在だった。国家は、民衆の下からの意志でこしらえたものではないので、国家を民衆が支持する、正当化するという論理がないのです。民衆にしてみれば、国家は邪魔であり敵です。しかしその一方で、民衆のエゴというものがあり、税金を取られるのは嫌だけど、道路や堤防はつくってもらいたいというふうに、税金を使わずには成り立たない社会公共性の利益だけは享受したい。この、民衆のエゴと国家との間を調整する思想が日本には育たなかったから、国家は民衆のエゴを憎み、民衆は国家の権力を憎むという不毛な関係ができ上がってしまった。この意識が、現在の日本社会までずっと引き継がれ、国家権力への忌避や嫌悪を生んでいるのです。

市民社会では、一人ひとりが完全な主体であるべきで、その主体を実現するためにこそ国家がある、こういう意識が欠如してきたために、日本は、民主主義国家への土台が持てなかった。しかし現在の日本は、欧米諸国と同じく地球社会のリーダーとして、先進国にふさわしく日本社会を運営するにはどうしたらいいのかを真剣に考えなければなりません。それにはまず、日本の伝統思想とはどういうものか、現在のわれわれのものの考え方にどういう影響を与えているか、をつき詰めなくてはならない。そしてそこから、要らないものは捨て去り、守るべきものは守り、それが民主主義と両立するものかを問う。つまりわれわれ日本人は、民主主義に対してどういう思想を持てるのかを問う作業をしない限り、何も始まらないのです。

思想とは、人びとの営みを支える堅固な枠組みのことです。人間を守り、人間をよりよく活かすための、思考の産物にほかならない。政治思想としての民主主義も、人間を活かしてこそ民主主義なのだと、私は思います。

思想にこだわる人間のタイプには、二つあるようです。ひとつは、私もそうですが、思想を自分が生きていくために、そして多くの人びとが共に生きていくために、考えていこうというスタンスの人。もうひとつは、思想自身に魅いられてしまうタイプの人です。後者のタイプの人にとっては、生活と思想は必ずしも関係なくていい。思想が立派でさえあれば、それでいいのです。だから、なるべく多くの思想を学び、立派な思想の宮殿の住人になりたいと思う。そんな人がいてもいいとは思いますが、それが思想のあるべき姿であると、私は思いません。どんなに不格好であろうと、自分でこしらえた思想の方が、借り物の思想よりもずっと値打ちがあるし、いざというとき役に立つのです。

＊

思想にはいくつか特徴がありますが、第一は、言葉でできていること。ただし必ずしも日常用語であるわけではなくて、特殊な概念をたくさん使っている場合もあります。第二に、その言葉が組織的に組み立てられていること。第三に、多かれ少なかれ、現実とのギャップがあることです。現実をそっくりそのまま描写しただけでは、それは認識ではあっても、思想ではない。現実には何の作用も及ぼしません。現実にあるはずのないこと、これから現実となるかもしれないこと、現実となって欲しいことが、思想には込められている。

思想とは、現実と距離を保つための方法です。もしも思想がなければ、現実に密着し現実に埋没して生きていくしかない。せいぜい現実に対して、自分の個人的希望を抱くことができるに過ぎないのです。しかし、そこにもうちょっと理由をつけ加えて、こういうふうになれば今よりもっといい状態になるではないかと、道筋を追ってのべ、自分もそう信じる。それを、言葉を手段として駆使して、多くの人びとと共有できるかたちでのべ、そこから実現可能なもうひとつの現実をつくり出す。これが思想の役割です。

こう考えると、個人の趣味に合わせた壮麗で手の込んだ思想の宮殿をこしらえてしまうと、ある人はそこで快適に過ごせるかもしれませんが、別な人びとにとってはあまり快適でなくなってしまう。多くの人びとが一緒に生きていくためには、シンプル・イズ・ベスト。思想は、単純な方がいいのです。これを私は「思想のミニマリズム」と呼んでいます。

ミニマリズムでないと、思想は生きられない

思想のミニマリズムとは、多くの人々の共通項をなるべく純粋なかたちで取り出す、ということです。たとえば、私個人としては五つの希望がある。しかし隣の人の希望は四つしかなく、五つめは私だけの希望で、みんなが望んでいるわけではないことがわかった。そしたら、私の個人的希望はそれとして、思想を組み立てるときには四つにしぼっておいたほうが、仲間が増える。つまり思想としてのパワーが出てきます。

そういうふうにして、多くの人びとの共通項をしぼり込んでいくと、でき上がった思想はどんどんみすぼらしくなっていくかもしれない。壮麗な思想の宮殿が好きな人から見れば、趣味じゃないかもしれない。思想がだめになっていくようにも見える。でも私に言わせれば、そうではないのです。現実を変える力が強まるのなら、そうすべきなのです。もちろんやり過ぎて、現実に密着してしまっては意味がないわけですから、根本のところは譲れない。どこが思想の根本で、最低限実現しなければいけないポイントなのか。その優先順位を、自分の個人的希望の中から見つけ出し、枝葉の部分を思い切って切り捨てて、時代の要請に合致し、多くの人びとを巻き込める部分に集中していく。この能力を持ったとき、思想家はミニマリストになれるのです。

＊

今日本に必要なのは、思想のミニマリストです。

むかしに比べれば日本人もエゴを表現するのがうまくなり、みんな勝手なことを考えるようになりました。こんなとき、小さなカルト・グループやオタク集団をつくるのは簡単でも、大きな集団をつくるのは非常にむずかしい。思想家がいつまでも自分の好みにこだわっていたのでは、思想は何の力も持てないのです。そんなことより、今われわれに必要なのは、日本の現実を少しでもよい方向に動かしていくための、方法論としての思想です。それには、ミニマリズムでいくしかない。

日本人はしかし、これまでそういうかたちの思想をつくったことがありません。思想家・知識人は民衆から孤立し、自分の思想に閉じこもる傾向がありました。たとえば、長い間思想界で影響を持ったマルクス主義は、日本に入ってきた最初からかなりの完成品で、その詳細な設計図に合わせて社会をつくり変えていこうというものでした。時代の要請に合わせて、ある部分だけを取り出すことはできない、あくまでも思想としてワンセットなのです。そうすると当然、思想から現実性が少なくなっていく。それでも思想の壮麗な宮殿に閉じこもり、現実が間違っていると言い続けるなら、過激派とならざるをえない。過激派は、方法こそ過激ですが、実は極めて保守的なんです。思想が現実となる可能性がほとんどなくても、自分たち少数者が、その思想に忠実に現実に立ち向かっていく。そのスタンスを証明することだけが重要なんです。となれば、ほとんど個人的事情です。だから政治ではなくて信仰、宗教になっています。

今の日本に必要なのは、そういう思想のあり方を乗り越え、根絶やしにし、ミニマリズムによって社会に対する思想の効力を復権すること。これ以外にないと思います。

対立に満ちた国際社会で、民主主義を機能させるために、日本は何ができるか

世界情勢に目を転じると、いまやボーダーレスの時代で、国民国家の「国家」という枠組みそのものが変化してきています。そうすると、民主主義という思想は、これからどうなっていくのか?

国際社会の主体は、国家主権ですから、そこには完全な民主主義はありえません。それには二つ理由があります。ひとつには、国家には人間と違って、大小がある。もうひとつには、国家間の矛盾を調停する上位の絶対的な主体がありません。国際社会には、議会も立法機関も(本当の意味で機能する)裁判所もないのです。つまり制度がない。

それでは、制度がないところに民主主義はまったく成り立たないのか?

私はそうではないと思います。民主主義の考え方は、成り立ちます。国家は制度として

こしらえたものだったということを思い出しましょう。そうすると、まず大事なことは、それぞれの国家の下に生きている一人ひとりの人間こそが、国際社会の最終的な実体なのだということを根本に据えることである。こうした、世界中の人びとの人権を、平等に考えていくということが、国際社会における民主主義のまず第一の出発点になります。

これまでの国家の上に立つ、地球単位の絶対的な主権（つまり、世界政府）ということになると、おそらくあと二〇〇年かそこらは成立しないでしょう。当分、国家という枠組みでいくしかありません。国家はいくつもあって、利害が対立し、互いにいがみあうものです。しかしいがみあいながらも、当分欠けている人類の統一政府、これがもし成立していたらどういう政策を実行するだろうかと考えて、それを少しでも実現していく。これが、世界規模での民主主義を実行する場合の、発想の根本になります。

今この地球に生きる人びとの人権を、もっとも踏みにじる可能性が高いのは、貧困です。現在、地球上には飢餓人口が七億九〇〇〇万人いると言われていて、その人びとは生命の危険に脅かされ、就学の機会を奪われ、就職の機会も奪われたままです。でも、国家という枠があるために、自由に外国に移動することもできない。個々の国家に暮らす人びとは民主主義を享受しているとしても、もっと上の観点から見れば、人権が大幅に制限されている状態です。

これにどう対処するか。各国の経済状態が均等であるほど、国家統合の可能性が現実味を帯びてくるわけです。現在のような貧富の格差がある状態では、社会保障にともなう所得移転（税金）などを考えると、国家統合をすれば先進国にとって圧倒的に不利ですから、まったく現実性がない。発展途上国の方にも、それだけの能力がないから、当分の間現状でやっていかざるをえないのですが、しかし、方向ははっきりしているわけです。そのためにプラスになる行動を、国際社会が、少なくとも日本の国家が明確に打ち出していくならば、それが国際社会で民主主義を実現する最大限の方法であると思います。

下からの意志で日本を再組織しよう

これからの日本は、本当の民主主義国家としての存在を、世界に示していかなくてはならないでしょう。

その際、第三世界に対する関わりあいとして「かわいそうだから何とかしよう」みたいな考え方があります。そう思わないよりましかもしれませんが、それだけだと行き詰まると思います。なぜならそれだと、相手がかわいそうでなくて、憎々しげだったら、助けなくてもよくなって、逆にいじめてやろうということになるではありませんか。「かわいそう」みたいな不安定な感情に、国際関係を任せるべきではありません。

本来の民主主義の下では、各自がルールにのっとってフェアに振るまい、国家のために場合によっては、自分のエゴを犠牲にするという行動がとれるわけですが、なぜそれができるかというと、人間の尊厳を守るため、この世界に統一した意味をもたらすためなのです。自分ひとりの満足のためでも、エゴのためでもない。もっとレヴェルの高い行動が自発的にできるようになるというのが、民主主義の精神なのです。

*

今の日本に、そういうことを考えている人がいないわけではないのですが、まずそういうことを真っ先に考えるのが、官僚です。そして、官僚の取り巻きである学者や知識人がそういうことを言いたて、政治家がそれにならい、ジャーナリズムが書きたてる。国民はいちばん後からくっついて行くが、半信半疑だ。これが日本社会の順番なのですが、民主主義の精神とまったく逆です。

本当は、まず真っ先に国民が考え、国民の期待に応えるためにジャーナリストや学者が情報を提供し、政治家は政策を考えて国民に選択肢を与え、そうしてまとまった国民の総意を実行するために官僚が働く、という順番でなければならない。

日本の場合、国家と国民の関係が円滑に動いていません。その意味で、後進国だと言っていい。さっきみたいな官僚を養成するのが東大の法学部であり、親はできることならうちの子も東大の法学部に合格してくれるといい、みたいに思っていたりする。こういう風潮に流され、それを日々再生産するばかりで、社会に対するアイデアを日常生活のレヴェルで、親も子も共有していないのです。これはやはり、ひと口で言えばエゴです。エゴは否定できるものではありませんが、しかし、権力とエゴの関係が整合性を持たなければ、そのエゴは自分のフォルムを持つことができない。文明のレヴェルに達せず、非常にナイーヴな、もろいものにとどまってしまう。

*

民主主義の精神を身につけるためには、考えなければならない。

考えるというのは、もともと関連のないところに関連をつけていくことです。

日本人は、知識ならいっぱい持っていますが、それぞれ関連がなくていいと思ってきた。科学と政治とは、関係ない。経済と宗教も、関係ない。江戸時代と近代日本も、関係ない。私とあなたも、関係ない。関係ないと言ってしまえば、そこから先は、ごく限られたことしか考えられなくなってしまうのです。たとえば、政治の舞台裏はどうなっているのかとか、どうやったら値上がり確実な株が買えるかとか、今年のペナントレースの行方はどうだとか、特定の領域で起きていることについては、専門家がいて、私たちの代わりにさんざん考えるべきことは考えているわけです。普通の人は、その人たちが考えた結果を、情報として手に入れれば、それ以上考える必要がない。情報社会というのは、そういう便利な社会で、情報が得られるなら、何も自分で考えなくてもいいわけです。

じゃあ私たちは何を考えればいいのか。関連のない事柄の間に、関連を見つけることです。それができなければ、自分の人生の意味すらつかめないのではないか。それができてこそ、何が大事で、何が枝葉かを考え、物事の優先順位を決めることができるのです。

われわれ一人ひとりが、そうやってものを考える。それが、一人ひとりの市民の下からの意志によって、これからの新しい日本社会を再組織していくことにつながると思うのです。

（一九九五年初出）

民主主義と憲法

〝偉大なる立法行為〟が民主主義の出発点

*三権分立など、民主主義はいろいろな理念をかかげています。

▼**三権分立**　立法・行政・司法の三権を三つの異なった機関に受けもたせて、権力の濫用を防止し、これらの機関相互に抑制と均衡が働くようにしようとする思想及び機構。一八世紀にロックやモンテスキューらが主張し、近代民主制の基本となった。

けれども、民主主義の根本は何かと言えば、それは法律を自分たちで制定する、このことに尽きるのです。法律の体系を自分たちで作る〝偉大なる立法行為〟こそが、民主主義、そして市民社会の出発点なのです。

アメリカの独立戦争が、〝革命〟と称せられるのは、この時に自分たちの手で憲法を作ったからです。まったく根拠のないところにでも契約によって、今後従うべき最高の法律を作りあげる。実はそこに革命の本質があったわけです。理想を実現するために、法律を制定する。そのことによって彼らは、それまでの悪習に染まった社会から、過去の過ちから、絶縁することができたのです。フランス革命もしかり。以後、すべての革命は、法律の制定を出発点とすることになったと言っていいでしょう。

イスラム世界が今もなお、中世から近代に離陸できない理由も、ここに関係があります。立法行為を人間が行なうという考え方がない、そのために憲法という考え方がなじまないのです。

アリバイとしての大日本帝国憲法

ところで日本の場合、仏教の戒律をはじめ、中国の律令制度、そして近代法と、すべて法律の雛形《ひながた》は外国にありました。「外国にあるものが日本にないのはちょっと具合が悪い」「格好が悪い」、こういう理由でもって、外国にある法を翻訳し自国の法律にしてきた。これは〝偉大なる立法行為〟と似ていますが、単なる真似事に過ぎない。精神がない。ここに大きな問題があったのです。大日本帝国憲法もその一つです。もし大日本帝国憲法が〝偉大なる立法行為〟を経て誕生したものであったら、民主主義はもっと定着したはずです。

むしろ歴史上、〝偉大なる立法行為〟に近かったのは、明治維新でしょう。明治維新の際に生まれた五箇条の誓文《せいもん》*などは、日本人が、これまでの法秩序とは無関係に法律を作ろうとした試みといっていい。しかし、いざ今までの社会を壊して革命を敢行しようとしたときに、残念ながら自分たちで法律を作ろうというまでの思想的な準備、成熟はなかったわけです。ここでどうしたかというと、過去にこのような先例があったと、仕方なく〝天皇〟を持ちだしてきた。〝天皇〟に代表される伝統的な権威を引っ張り出してきて、江戸幕府の権威を否定しようとしたのです。これはもうプラグマティックな策謀以外のなにものでもありません。歴史のはざまのわずかな時間のあいだに、国民を新しい価値観のもとにまとめるには、これはある意味ではやむをえない選択であった。当時の政治家たちは、そうした舞台裏を、少なからずわかっていたわけです。それは緊急避難のはずだった、けれども何年たっても改まらない。

▼五箇条の誓文　慶応四年（一八六八）三月一四日、明治天皇が発布した明治新政府の施政の基本方針。公議世論・人材登用・開国進取などを謳った。五箇条の御誓文。

このままではいけないと人びとが立ち上がった。それが自由民権運動です。天皇の権威を持ってきたのですから、日本の政治は、天皇が直接統治することになります。これでは専制国家です。専制国家であれば、天皇にすべての権力が集中し、一般の人民には権力がなくなってしまいます。それにいつまでも満足できるはずがありません。そうした人民の声が、自由民権運動となって、明治一〇年ごろから広がっていったのです。と同時に外国からも、日本は遅れた専制国家だとみなされることで、さまざまな不都合が生じていた。諸外国との条約改正もはかどらない。日本が発展していくためには、このままの国内体制では、あまりにも不備な点が多すぎる。そこでまた大急ぎで、プロイセン憲法を持って来ることになりました。これもまた、専制国家を法治国家に即席で改造するための選択にほかなりません。

このように、大日本帝国憲法の制定は、一つには、外国に対する鹿鳴館効果をねらったという側面があったのです。日本もれっきとした憲法をそなえた法治国家だぞ——憲法はそうとりつくろうためのアリバイとして必要だったのです。

民主的でない憲法は危険な方向に一人歩きした

憲法制度のもう一つの理由は、自由民権運動対策でした。いろいろ政治に不満のある人間は、議会に代表を送って文句を言え、ある程度は解決してやる。そうやってガス抜きをし、国内に広がる騒乱の芽を摘み取ろうとしたのでした。

しかし、民衆の声が天皇に届いたかというと、そんなことはなく、現状の体制を覆《くつがえ》さないように二重、三重のガードが用意されていました。たとえば、軍隊は天皇が直接管轄する。人民は政府を相手に裁判をおこすことができず、政府は天皇にさからえなかった。

ところが誰にもコントロールできない神聖な天皇であるはずが、仮に誰かが実質的に天皇をコントロールしてしまったら、どうなるでしょう。そこに実は、落とし穴があったのです。後に軍部がそのような力を持つようになるのですが、国家の中枢部で天皇に代わって誰かが影響力を持った場合、国全体がへんな方向にいってしまう危険性を憲法ははらんでいた。国民の力では、それをどうしようもない。民主主義の論理が働かない。結局、天皇が神聖であるという考え方は、戦前の軍部の暴走を許し、大きなあやまちを引き起こしてしまったわけです。民主的ではない、旧憲法の構造的な欠陥が憲法制定から半世紀後に厳然と表われたのでした。

しかし、旧憲法を作った人びとは、この憲法にこういう欠陥があることはわかっていたのです。それでも「当面はこれで行くしかない。俺の目の黒いうちはこの体制でやっていける。天皇にも、国民にも迷惑はかけない。今はこの憲法を土台に、日本をつぎの段階にステップアップしていこう。憲法の欠陥を直すのはそれからのことだ」と、運用に自信をもっていたのです。

彼らはこの憲法を、国民を納得させる(もっと突っ込んでいえば、国民を、そして外国をだます)ために作った。そして、憲法の表と裏を知り尽くしたうえで、その運用でやりくりしようとしたのでした。しかし彼らも一人、二人と次々に亡くなり、裏を知る人がみんないなくなってしまった。つぎの世代の人たち、つまり、旧憲法の制度の下で育ってきた人たちはどうなるかというと、裏を知りませんから、〝天皇は本当に神だ〟と思うような感覚になってしまったのです。国民をだますために書いてあったことが、国民の常識となってしまう。その常識で育った人が、日本のリーダーになった時に、この憲法はとんでもない方向に一人歩きしてしまったのです。民主的でない憲法や法は、こういう恐ろしさをもっているのです。

もしこれが民主的な憲法であったのなら、裏も表もありません。五〇年、一〇〇年たっても、暴走する心配はない。

戦前の憲法の構造的欠陥はいまのべた通りですが、それでは戦後の憲法は、はたして民主主義という性能を持ち得ていたのか。それが、これから検証される時を迎えていると言えるのではないでしょうか。

現行憲法の問題点

戦後の憲法について評価するならば、その条文は大変に立派なものです。アメリカから来た新進の法律家たちが、限られた時間のなかではあるが、自分たちの理想を実現しようとした。アメリカ憲法に引けをとらない理想的な条項を組みこんだわけで、それは立派なものができるのは、当然のことです。

しかし、ここには二つの重要な問題が残されています。

一つは、いくら立派な憲法であっても、それは占領軍の立法行為であったという事実です。国民が自発的に憲法を作ったのかという点で、疑問を残してしまった。外からやってきたものなのか、それとも、〝偉大なる立法行為〟によって生まれたものであるか、その経緯こそが非常に重要なのですが……。これが第一点目の問題です。

つぎに、そうやっておきみやげのように置いていかれた憲法を、正しく操縦する知識、ノウハウが日本人のなかにあったのかが第二の問題です。たとえば、非常に性能のよいスポーツカーがあっても、それを操縦する技術がなければ困るわけです。ただのファミリーカーのほうが車庫入れなどは簡単でしょう。十分な技術がなければ、スポーツカーはぶつけて壊すだけ。そんな感じで、憲法の〝出来〟はよくても、それを運用するノウハウのほうは、まことに情けない状態にあったと言わざるをえません。それが戦後五〇年にわたる政治不信を作り出したと言っても過言ではないでしょう。

＊

さて、政治家が信用できない、政治不信だと言っても、それにはさまざまなレヴェルがあります。その一つが腐敗の問題です。

政治家が陰でこっそりお金をもらっている。そういう政治家がなぜ信用できないかと言えば、お金を出す側には、何かしてほしいという個別の利益があるのです。それをみんなに知らせないで、その人だけの利益になるように行動する。これでは、みんなのための政治をしているとは言えない、嘘つきです。信用なんてできません。

しかしこのレヴェルは、そう大きな問題ではない。政治家である以上、権力を持てば腐敗のチャンスは誰にでもあるわけで、そのせいで、民主主義の制度が機能しないということにはなりません。腐敗があったら、汚職を犯した議員を個別にやっつければよいのであって、まだまだ罪は軽いのです。

政治家が信用できないもっと重要なケースは、政治家が約束を守らないことです。公約を実行しない。これは、民主主義の制度を根底から破壊する行為にほかなりません。

選挙民と政治家との関係を考えてみましょう。選挙民は、「当選したら私はこれを実行します」と公約をかかげたそれぞれの政治家を選ぶわけです。A政治家よりもB政治家の約束のほうがいいと判断すれば、B政治家に一票を投じる。選挙民にとって、投票行為というのは、約束であり、契約です。

ところが、これがなかなか守られない。一回二回ならいざ知らず、必ず公約が守られないとしたら、投票する意味などあるでしょうか。投票なんて馬鹿らしくなります。これが究極の政治不信です。これは汚職よりずっと根の深い問題です。

政治不信の根本は「政治のロジック」が働かなかったこと

そもそも選挙というのは、公約をかかげて政策で争う。これが民主主義の一つの方程式でもあるわけですが、日本においては、公約の争い、政策の争いがなかった。公約をかかげた選挙で当選した政治家は、公約を実現するか、破るかしかない。破った政治家は次の選挙で落選し、別の公約をかかげた人が代わって当選をする。それが選挙のロジックですが、そのロジックが一回も働かなかった。むしろ、公約なんか誰もしないで、適当なことを言い、当選回数を重ねて実力をつけていく。こういう選挙を戦後五〇年やってきたのですから、大部分の人が政治に魅力を覚えなくなっていくのは当然なのです。戦後五〇年の政治不信の根本は、ここにあります。

実際に社会党をはじめとした、自民党単独政権時代の野党議員をみてみましょう。政党は政権を取らなければ、公約を実現するチャンスなんてないわけです。過半数にならない社会党が、どんな公約をしても無意味です。

唯一約束できることといえば、国会の三分の一以上の勢力を保ち、憲法改正を阻止するぐらい。ですから社会党が仮になんの賄賂を取らなかったにしても、同党への不信は起こるべくして起こったのです。

では自民党はどうかと言えば、彼らも過半数をとって来たものの、それは派閥を連合したものであって、選挙民に公約をかかげ実行をしてきたかというと、これもまたむずかしい。選挙で当選をしても、大臣の椅子は派閥によるローテーションです。どこの派閥が政権につくかも、フタを開けてみなければわからない。こういう状況ですから、代議士個人が選挙民に向かって、約束できることなんて、ほとんどないわけです。当選回数が増え実力がつくならば、地元に道路を作りたいといえば道路もできるでしょうが、それにしても三回から五回、七回と、当選を重ねない限りは、実現できないわけです。これは自民党内の年功序列という文化が生み出した副産物であって、近代政治の原則とは、なんら関係がありません。仕事を地元にもってくるのを公約を果たすと言うのには語弊がありますが、新幹線だろうが空港だろうが作ってしまえる地元利益誘導型の政治家は、自民党の中でもほんの一握りであって、あとはそこまでの実力はない。ましてや一つの選挙区から、自民党が二人、三人と出馬して争う。そこには政策論争などあったためしがない。結局、自民党もまた、政策を立案しているわけではなくて、大部分は官僚の作文にのっかってきただけです。で、後は誰が旨い汁を吸うか、という争いの世界だった。

そういうわけで、日本では不幸にも、選挙が本来あるべき体裁をなしてこなかった。だから多少の変動はあっても、結果はだいたい同じ。社会党がだらしない、国家をもっと良くしたいと民社党や公明党といった政党なども生まれましたが、自民党を減らすのではなくて、社会党が減っただけ。野党の合計はほとんど変わらない。

こういうわけでずっと五五年体制*の枠内にあったわけです。

▼**五五年体制**　一九五五年、共産党を除く社会主義政党は合同して日本社会党を結成、これに脅威を感じた保守政党も合同して自由民主党を結成、二大政党対立時代に入った。ここで成立した政党政治の枠組みを、五五年体制と呼ぶが、以後現実に出現したのは、民社党の離脱に始まる野党の多党化であり、その下での自民党の永続政権であった。歴史的には、五五年体制とは、高度成長下に生まれた自民党の一党支配体制を言う。

この五五年体制が崩れるきっかけとなったのが自民党の分裂です。が、これもそのきっかけを考えてみると、国際情勢の変化という〝外圧〟が引き金になったわけで、ここでもまた、自発的に改革の力を作ることができなかった歴史が繰り返されてしまった。

自分たちの手でよりよく作り直すこと

ところで、国民の信頼を失った民主主義という制度を、もう一度正しく作り直すにはどうすればよいか。それには自分たちの生活をよりよくしていくために、自分たちが制度を、法律を作れるんだ、憲法だって作り直せるんだ。こういう自覚をきちんともって、その作業に着手することが最も大切なことです。

一〇三条にわたる憲法ももちろんのことですが、憲法の下にある一つ一つの法律や制度を、国民にとってよりよいものへと作りかえていく。小手先だけの対症療法ではなく、根本の変革に迫っていく。このような行為は、憲法改正にも匹敵する行為だと思います。

たとえば過去に鉄道の民営化が行なわれました。莫大な赤字を積み重ね国民のお荷物になっていた国鉄。国はその管理・経営から手を引き、国民のためのサービス機関とするために分割民営化を敢行しました。このことは、直接憲法とは関係ありませんが、国の性格が少し変わった出来事であったわけです。同じように中央官庁のあり方、教育のあり方、福祉や国籍法、貿易、規制緩和など、法律のシステムを自分たちの手で、よりよい方向へと少しずつでも変えていく。こうした作業が国会を正常に機能させることに通じていく。

憲法の問題については、改正などをめぐりいろいろな論議がなされていますが、国会を正常に機能させていく、その積み重ねが、憲法をよりよいものにしていく活動のまず第一歩です。

さらに国会を正しく機能させるためにはどうしたらいいかと言えば、公約をかかげた選挙が行なわれることです。そこでキチンと政策をかかげた政治家と、いい加減な政策をかかげた政治家や政党を、国民が自ら判断し、よりよい方向を選択して、投票する。あとは、政治家が国民に代わって、さまざまな制度の変革に着手するわけです。政治家に問われるのは、その実行力ですが、それも要は国民の信頼に尽きます。法律の制定をはじめ、新しい国家機関の設立も廃止も、国民の信頼があればこそ、政治家はその力を発揮できるのです。そうやって国をよりよい方向へと導いていく。しかし、何年か経てば、少なくとも四年に一回は、選挙を行ない、進むべき方向が正しいのか国民の審査を受ける。これが民主主義制度そのものではないでしょうか。

＊

近代国家を打ち立てた、欧米社会では、神のもとですべての人間は平等である、そうしたキリスト教の教えを激しくつき詰めていくなかで、長いものにはまかれろといった封建社会からの絶縁を果たし、人間が平等である民主的な社会を作りあげてきました。自分たちの手で議会を作り、人間が平等である社会を実現するために、試行錯誤のなか、〝偉大なる立法行為〟を繰り返してきたのです。

それに対してこれまでの日本の歴史は、最高法規の憲法すらも外国を模倣し、〝偉大なる立法行為〟を避けてきました。外圧によってしか改革がなされてこなかったわけです。そういう過去を、われわれは乗り越えることができるか。戦後、アメリカによってもたらされた民主憲法の意義を国民が考え、見直す時がめぐって来たと言えるのではないでしょうか。

（一九九五年初出）

天皇と民主主義

天皇は、日本にしかいない。

天皇は、血統によってその地位を継承する。王権の一種であるけれども、どうもふつうの王権と違っている。

どこが違っているかというと、三点ほど考えられる。

第一に、万世一系（皇統連綿）と称して、切れ目なく続いていること。

第二に、天皇という、皇帝とも何ともつかない奇妙な名前を持っていること。

第三に、ごく最近まで、人間なのか神なのかよくわからない存在（現人神《あらひとがみ》）だったこと。

これらを順に考えていこう。

まず、万世一系だが、西欧の王権でも中国の皇帝でも、王朝というものがあって、ときどき血統が途絶えてしまう。そうすると、つぎの王様が選ばれ、別の新しい王朝（家系）が始まることになる。こういうことがしばしば起こるものなのだが、天皇の場合には一度もなかった。

これは不思議なことで、よほど、天皇を存続させたいという社会的な力が働いていたに違いない。ひとつは、天皇に誰でも（と言うと言いすぎだが、なんとなく血がつながっていれば）なれること。もうひとつは、天皇家を断絶させても、誰も得をしないこと。この二つの条件があって、天皇は永続しえた。

これは、日本人の王権に対する考え方がきわめて特殊であることをあらわしている。天皇とは何か。古事記、日本書紀などによれば、神の子孫だという。だから偉い。だがそこには、日本人はみな神の子孫だとも書いてあり、天皇とふつうの人民は血のつながった親戚ということになる。しかも、日本人は死んだら神になると思っているから、神／天皇／人民のあいだに、はっきり線が引けない。（これに対してヨーロッパのGODは、日本の神と大変違っている。そもそもGODを「神」と訳したのが誤りの元だった。）

こういう天皇を戴《いただ》くことで、日本人は自分たちが日本人であることを確認しているのである。外国では、異民族が攻めてきて王様になるということがよくあるが、日本人はそういう経験が全然ない。

二番目に、天皇という名前。もとはスメラミコトという名前だったのが、いつから天皇になったのか。

天皇は、中国を意識した名前。中国には皇帝がいて、周辺の王たちを家来にして世界を支配している。中国から見れば天皇は、そんな王の一人だが、日本人は奇妙な名前をつけて、あたかも皇帝と対等である、みたいに思うことにした。そして、奈良や京都といった中国都市のミニチュアを作り、律令や仏教などの中国の制度・文物を輸入した。

それでは完全に中国風になったかというと、そうではなく、いつの間にか日本風に変質してしまう。そして明治になると、今度はヨーロッパの真似を始めた。天皇はエンペラーだ、ということになってしまった。

西欧には立憲君主というものがある。天皇もそれにならおうというわけで、洋服に着かえたり、軍隊を作ったり、かつて中国を真似したように、せっせと外国を模倣した。そういう旗振り役を、古来天皇家は担うことになっている。今日で言えば、広告代理店の電通・博報堂といった役回りである。

外国に優れたものがあった場合、それをコピーして、何としても日本の文化水準を引き上げる。そういう運動のリーダーとして、人民の文化的生活に責任を持っているのが天皇なのだ。

三番目の、天皇が神みたいな存在でもあるというのは、西欧化（文明開化）の動きにパンチを利かせるため、明治政府の元老たちが考えた宣伝文句だった。天皇が中国の皇帝みたいな政治権力者でなくて、おまじないみたいなことをやっている原始的な性格を残していたのも、ちょうどよかった。こういう、二〇〇〇年も昔の土着の王権が、だらだら現代

近代民主主義

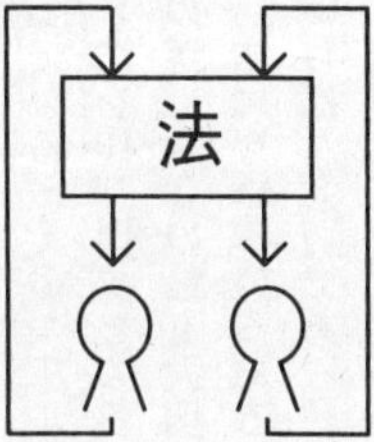

法の支配

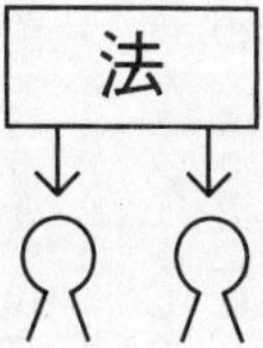

社会にまで生きのびているというのも、世界的に見て珍しい。

*

つぎに、民主主義とは何かについて、おさらいしておこう。

新憲法の柱は、言うまでもなく民主主義。民主主義と言ってもいろいろあるけれど、ここではもちろん近代デモクラシーという意味である。

民主主義とは何か？　ズバリこれは、「法の支配」の特別な場合である。

そこでまず、法の支配について説明すると、専制政治や単なる共同体と違って、人間と人間の関係を法によってコントロールしようという考え方だ。人びとの間にトラブルが生じたら、必ず法に照らして解決する。これが法の支配で、人間よりも法が上にあるわけだ。

法の支配は、近代社会を作るのに絶対必要な工夫である。このことによって、市民一人ひとりが自由と、権利と、財産の保障をうる。近代的な市民として、安心してふるまうことができるわけだ。

つぎに民主主義が、ただの法の支配とどう違うかというと、この法そのものを自分たちで作り出すところが違う。自分たちで作った法でなければ、法とは認めないのである。法の支配を受けている当の市民たちが、その法を作り変えるというコントロールの手段を持っている。そのルールが完成したとき、民主主義も完成する。

法を作り出すところは議会だから、民主主義にとってまず議会は不可欠。法を生み出すのが、議会の最も大切な活動である。

法にもいろいろあるが、なかでも、政治制度全体の枠組みを決める法、すなわち憲法がいちばん大切である。その憲法のなかに天皇が位置づいているのが、日本国憲法の特徴だ。問題は、民主主義をこのように考えるなら、それは天皇となんの関係もないことである。実際、天皇のない民主主義は世界中にいっぱいある。いや、逆に言うべきで、天皇のある民主主義は日本にしかないのである。どうして、何の関係もないはずの天皇と民主主義が、セットになっているのか。読者のみなさんは、ここをどう考えますか?

結論を言うと、民主主義にとっていちばんの問題は、正統性。そもそも、この民主主義というシステムは、どうして存在するようになったのか。どうしてほかの制度でなく、この制度がスタートしたのだろう。

この始まり方には、二つしかない。

ひとつは、ある日突然始まった、というスタートの仕方。憲法そのものはただの字を書いた紙切れにすぎないが、それを民衆が、自分たちの憲法にしようと言いはじめ、実際にそうしてしまった。これは、革命と呼ばれる。

革命そのものは、法の支配でも、もちろん民主主義でもない。血が流れるかどうかは別として、とにかく暴力的なものだ。それによって民主主義が支えられるというのは、パラドックスだが、まあやむをえない。

つぎに、もうひとつの可能性は、伝統によってスタートするケース。伝統と民主主義もやはり無関係なのだが、やむをえない。

民主主義でない政治の伝統と言えば、まず王様である。王権が人民を支配していたんだけれども、いつの間にか、王制の反対物である民主主義に移行してしまった。奇妙なことだが、実際にそういうことがありうるのだ。

イギリスの例で考えてみると、王のほかに貴族がいた。貴族には貴族の都合があるので、王をコントロールしようとする。一人ではやられてしまうので、束になって議会を作る。そうしているうち、議会のルールや法律ができあがる。その結果、王が偉いのか、それとも法律のほうが権威があるのかでもめることになるが、とうとう、法律のほうが権威があるので王も法に従え、となった時点で、法の支配が確立する。さらに、王が立法権を取り上げられ、拒否権もなくなって、議会がつくった法律は全部認めなければならなくなる。

こうなれば、立憲君主制とか、民主主義とか呼んでもいいだろう。イギリスはこんな具合に、何百年もかかって民主主義への道を歩んだ。

日本の民主主義は、よく考えてみると第二のケース。伝統による民主主義の正統化、といったやり方だと言える。

日本は一度も革命がなかった。現在の新憲法は、旧憲法の改正でできあがっているし、旧憲法は、専制君主(憲法なしの支配者)だった明治天皇が、人民のためにプレゼントしたというかたちを取っている。そして、その天皇は、大昔から日本の支配者だったというのだから、どう考えても、大昔から続いている伝統的な権威が憲法を作り出した、というかたちになっている。これで、正統性の説明は一応つくので、いまの憲法を否定する立場のひとはごくわずかだ。

*

日本の憲法は、伝統によって正統化されている。ゆえに、日本の民主主義は、本場のイギリスとそっくりでめでたしめでたし。ということになるかというと、そうはならない。昭和天皇は、英国王室を手本とし、自分も立憲君主としてふるまおうと努力した。けれども、根本的なところで、英国王室と民主主義の関わりと、天皇制と民主主義の関係は違っている。

天皇制の伝統をどうひっくり返してみても、民主主義は出てこない。その理由は、イギリスの民主主義の出発点を考え直してみればわかるはずだ。イギリスで、王制から民主主義が生まれた理由は、第一に、国王が政治権力を握っていたこと。第二に、その権力を封じこめるために、貴族や市民が議会で同盟したこと。これが、決定的である。

日本で、天皇は、政治の実権を持っていなかった。つぎに日本の貴族は、天皇の取り巻きのことで、天皇に対抗する意見も能力もなかった。だから、イギリスで国王を押え込んだような力学は、まったく働きようがない。

ではどういうことが起こったかというと、政治の実権を独占していた武士が、内輪もめを起こし、改革派の武士が天皇を担ぎ出した、ということにすぎない。これがいわゆる明治維新。天皇は最初から、政治力学の埒外にあった。そして天皇が担ぎ出された理由は、明治維新を、伝統にもとづく権威のあるもののように見せかけることにあった。

明治維新は一種の革命である。しかし表面上は、王政復古というかたちをとった。王政復古とは、もともとの支配者である天皇に、政権を返すという意味。そんな回りくどいことをしたのは、そのほうがうまく行くという、当時の事情による。

いっぽう戦後民主主義はと言えば、それはアメリカの占領をきっかけにしている。占領の結果、天皇の統治権よりも、もう一段高いＧＨＱの権力が生まれた。こんなことを旧憲法は想定していない。明治以来の天皇制は、ここでいったん断絶したとも考えられる。しかし、表面上は日本政府が存続し、旧憲法を改正するという手続きを踏むなどして、連続性のほうが強調された。天皇はその地位を失わなかった。

実態が大改革であるのに、表面的には連続しているのが、明治維新と戦後民主主義の共通点である。そのどちらの場合にも、世の中を根本的にひっくり返してこれまでと無関係に新しい秩序を作りあげるよりも、それまでの秩序が連続しているとみんなに思わせたほうがうまく行くと判断した人びとがいたのだ。

この連続性を演出したのが、天皇である。大きな変化をカヴァーするために、天皇は便利な接着剤である。万世一系をいま風に解釈してみると、「日本人の多くが持っている、日本社会の永続性に対する信念」とでも言えるかと思う。社会は不断に変化していて、多くの亀裂や断絶に見舞われるものだが、日本人はそのことを認めたくない。社会は今までどおり順調に発展していき、今後もいままでの幸福が永続するはずだと考えたがる。

これが中国人であれば、固定した制度をこしらえる。それが律令制だったり、官僚機構だったり、法律だったりする。でも、かたちのある制度を作ると、いつかは壊れてしまう。断絶が起こる。

日本人の場合、そういう固定した制度をつくることを、最初からあきらめている。それが諸行無常だ。権力者たちまでも無常観にとらわれているから、わざわざ打倒する必要がない。つぎの世代の人びとが力をたくわえていけば、すんなり交替が実現してしまう。春が夏になるように、徳川の世が明治になり、戦後民主主義になる。

こういう具合なので、天皇が律令制下の君主であろうと、室町時代のように貧乏で即位の儀礼ができなかろうと、江戸時代のように御所に押し込められていようと、明治になって表舞台に出てこようと、日本人の国家の永続性に対する信念には変わりがない。

そうすると、天皇は特定の制度なのかということになる。天皇が政治制度の一部を構成すれば、国家機関なのは当たり前である。でも、そういう当たり前のことを言っただけで、国賊扱いされる場合もあった。多くの日本人にとって、天皇がどういう制度の一部なのかはどうでもいいのである。単なる国家機関や制度を超えた、それ以上のものであるとどこかで考えたがってきた。

＊

では、天皇は何をしてきたのか。産業との関連で考えてみよう。いろいろ説があるが、天皇は最初、稲作が日本に伝わってきた当時の豪族のひとつであったと考えられる。そして、農業祭祀を行ないつつ、農民たちを支配していた。

もし天皇がこれだけの存在であれば、農業の衰退・滅亡とともに、天皇も没落せざるをえないはずである。しかし、明治維新・文明開化以降、天皇はますます力を伸ばしていった。天皇にとっては、農業も工業も、同じなのである。

したがって、製造業が基幹産業でなくなり、脱工業化、情報化の時代を迎えても、天皇が日本人にとって意味を持たなくなるとは限らない。メディアは天皇や皇室の動静を、毎日毎日報道している。人びとは、それに関心を持ち続ける。こうして拡大再生産されていく情報のなかで、天皇は生き延びていく。

天皇の実態とは、なにか特別の活動なのではなく、天皇が存在しているということの情報効果なのである。これが「象徴」ということの意味だ。天皇は、何か特別の活動をしなくてもかまわない。日本人は、曖昧な自分たちのアイデンティティを確認するために、「天皇」という名前を欲しているのだ、と私は思う。

考えてみれば、象徴の機能とは、アイデンティティ(同一性)を確認することだ。国家は、目に視えない。目に視えないから、なにか目に視えるもので確認する必要がある。アメリカなら星条旗。紋章でもホワイトハウスでもいいはずだけれど、携帯に便利で安いので、星条旗が一番である。

アメリカ人が考えたのは、この星条旗にあたるものを、日本人に作ってやろうということだった。天皇を、憲法のなかで、そう位置づけることにした。

しかし天皇は、星条旗と違って、物ではない。生身の人間である。天皇の、一個の人間としてのあり方と、アメリカが単純に考えた戦後民主主義の象徴としてのあり方とは、時に矛盾をひきおこす。特に日本人が、天皇のなかに自分たちの日常を超えたものをすべて見ようとするからなおさらだ。たとえば、結婚問題。ふつうの家庭と違ったいろいろな矛盾を抱えて、いちばん大変なのが天皇家だなあ、と思っている国民も多いはずだ。

天皇に、われわれ普通人を超えたものを見ようとする、日本人のアイデンティティの確認の仕方は、日本人にコンプレックスがあればあるほど、大きくふくれあがる。もともと中国に対するコンプレックスがあったから、天皇を必要以上に立派な、中国的君主だと考えたがった。今度はヨーロッパに対するコンプレックスが、天皇を必要以上に立派なヨーロッパ的君主だと考えたがった。こういう強がりが、戦前の天皇制だった。

こういう強がりが、天皇を人間と神の中間に位置付けた。天皇をそうやって祀り上げることで、日本人はどうにか心理的に安定することができた。これは困った傾向だと、アメリカは思った。アメリカ人は天皇が「神であり人間である」などと聞くと、反射的にイエス・キリストを思い浮かべてしまう。そこで、この軍国主義の温床を断ち切るには、天皇の神性を否定することだと、天皇の人間宣言をさせたのである。

このように、日本人の誤解を解いてやろうとしたアメリカ人の考え方こそ、誤解に基づいたものではなかったか。

日本人が天皇を「現人神」と呼んだのは、決してキリスト教的な文脈ではなかった。だから天皇が象徴（ただの人間）であるとわかったとしても、事情によっては、また人間を超えた何物かと思われてしまう可能性が十分にある。

＊

日本人は、「象徴」ということの意味を、やはりよくわかっていないのだ。たとえば、天皇が外国で「元首」としての待遇を受ける。すると、「天皇は日本の支配者ではないし、国家元首でもなくて、ただの象徴なのだから、それはおかしい」という投書が新聞に載ったりする。けれども外交慣例から考えて、天皇が「元首」なのは当たり前。支配者であろうとなかろうと、ある国家を代表する人格のことを「元首」という。象徴である天皇は、まさに「元首」以外の何物でもないのである。

象徴とは、一国を代表し、日本国憲法の定めにしたがって行動する一個の人格（国家機関）、という意味だ。

しかし多くの日本人は、そういうふうに冷静に天皇をみることができない。日本国憲法の内容を承知しながら、どこか人間を超えた存在とみてしまう。その理由は、われわれが民主主義（新憲法）を自分で選択したわけではなかったことと関係がある。

民主主義は、人びとが主権者の自覚を持ち、契約（憲法）をとり結ぶところに成立する。しかし戦後民主主義は、比喩的に言えば、天皇が民主主義に「改宗」することで始まった。日本国民は、それにつられて民主主義者となったにすぎない。それは、天皇が「文明開化」主義に改宗したので明治維新が始まったのと、同じ構造である。日本人は、自分の頭で考えて体制を選択する代わりに、いつも天皇の真似をしてすませる癖がついている。先ほど「日本社会の永続性に対する信頼」とのべたのは、言いかえればこういうことである。日本人が理解する「象徴」とは、こういった思考の簡略化装置（集合的無責任）のことなのだ。

このような天皇を象徴として抱えこんだ日本の民主主義が、十分に機能するはずがないのは明らかだ。「自粛」のような、欧米では考えられない現象が起きるのも、日本の特徴である。日本の民主主義が少しおかしいという点については、アメリカもヨーロッパもとっくに気が付いている。

天皇も、自分たちとまったく同じ人間である。ただ天皇という職務を担っているだけだ。──こう冷静で現実的に考えることができるかどうかで、日本の民主主義の成熟の度合いを測ることができよう。日本社会の国際化は、日本人の天皇に対する態度のなかにこそ、その鍵があるのだ。

（一九九四年初出）

政教分離について

日本国憲法第二〇条にも政教分離の原則が規定されているので、私たちは、政治と宗教は分離しているのが当たり前というふうに考えています。

ところが、世界史を振り返ってみると、この考え方は常識でもなんでもなく、かなり特異な考え方だということがわかります。歴史上では、政治と宗教は一致しているべきだとする考え方のほうがむしろ主流で、現在でも大きな影響力を持っていると考えて間違いないでしょう。

政教一致型社会の起源とは?

では、歴史的に見て、宗教と政治の関係はどのようなものだったのでしょうか。

まず、頭に浮かぶのがユダヤ教です。ユダヤ教には、律法(ユダヤ教を信じる人びとの従う生活規範のこと、要するに「法律」という意味）というものがあって、これは宗教法であると同時に世俗法でもあった。つまり、民法とか商法とか、刑事訴訟法にあたる法律をすべて「神」が与えたものと考えるのです。譬えて言うと、古事記や日本書紀に民法・商法などが載っているようなもの。ちなみに、イスラム教もユダヤ教と似たようなシステムをとっています。

こんな宗教が行き渡っている国では、世俗の「王」が政治を司る場合でも、あくまで拠って立つのは宗教法ですから、この宗教法に違反するといかに「王」といえども王とは認められなくなる。こういう宗教至上主義、政教一致型社会こそ一神教のスタンダード（標準型）だと言えます。

つぎに、キリスト教が長い間支配原理だった西欧社会の場合はどうか？　これも原則的には、政教一致型社会です。なぜかというと、キリスト教では、世界はやがて終末をむかえることになっている。その際、天から再びイエス・キリストが降臨してきてわれわれを裁き、救われた者だけで神の王国を創る。その神の王国では、宗教的なリーダーであるイエス・キリストが「国王」を兼ねて、人びとを統治する。つまり、その根本は政教一致なのです。

これがキリスト教の理想世界ですが、現実には世俗の「国王」の支配に従わざるをえない。この「国王」は、ローマ皇帝だったり、ゲルマンの王様だったりするのですが、異教徒だったりもするわけです。でもパウロの教えによって、キリスト教徒はこうした異教徒の支配者にも従わなければならない。彼らがつくった教会は、キリスト教徒が一堂に会して、最後の審判の日が来るように祈る場所でしたが、この教会と「国王」とは、初めは何の関係もなくて、それぞれ別個の存在だった。初期のキリスト教社会は、世俗社会や国王と無関係な地下組織だったのです。

ところが、その後ローマ帝国は、キリスト教を公認し、国教にします。皇帝はクリスチャンであり、教会の指導者（教皇）と帝国の統治者（皇帝）の権威が一致して、事実上の政教一致型社会が地上に実現してしまった。

宗教戦争がもたらした政教分離というコンセンサス

そのあと、ローマ帝国は東西に分離するのですが、東ローマ帝国はこの皇帝=教皇主義をそのまま踏襲し、ビザンツ教会では、皇帝が教会の指揮をとっていました。ですから、ギリシャ正教の影響を受けた東ヨーロッパでは、政教分離という考え方は希薄なのです。

ところが、西ローマ帝国の状況はこれとは異なっていた。すぐ滅んでしまった西ローマ帝国に代わって世俗の「国王」は、教会を庇護するスポンサーの役目を果たし、教会はその保護を得ようとした。強大で財力もある、教会にとって都合のよいスポンサー、すなわち「国王」を探し出すことは、教会にとって急務だったのです。国王には国王の、教会には教会の、打算も利害もある。その両者が妥協することで政教分離がやっと実現していたのが実情です。

時代が下がって宗教改革の頃になると、ひとつのはずだったローマ教会は新教と旧教に分裂し、新教にもさまざまな宗派が現れます。「神」はただ一人なのにもかかわらず、教義、解釈の違う教会がいくつもできてしまった。そして互いに相手を異端と決めつけ、主導権争いが始まったのです。

さらに話をややこしくしたのが、おせっかいな世俗の「国王」たちです。彼らがてんでに、こっちの教会こそが正統だ、いやこっちだなんて言うものですから、そのたびに相手方に攻め込んでその領地をぶんどったり、果ては国をあげての大戦争に発展したのです。

こうして血で血を洗う宗教戦争が百年あまりも続くのですが、さすがに民衆はこれに懲りた。以来、西欧社会では「国王」(あるいは国家・世俗権力)は特定の教会を保護することはやめましょうという、キリスト教徒全体のコンセンサスが生まれ、それがそのまま西欧社会の共通了解となったのです。

ただし現実には、その通りすんなりとはいきませんでした。イギリスでは清教徒革命*、名誉革命*、フランスでは「ナントの勅令廃棄*」などいろいろゴタゴタが続きます。こうした戦争に倦《う》み疲れた人びとが宗教上の新天地を求めてアメリカに渡り、植民地ごとにさまざまな教会を組織します。

▼**清教徒革命**　一六四〇～六〇年の清教徒によるイギリスの市民革命。チャールズ一世の専制に反抗して一六四二年内乱が起こり、クロムウェルの率いる議会派が勝利を収めた四九年、王を処刑し共和制を樹立。ピューリタン革命。

▼**名誉革命**　イギリス議会の指導的政治家たちが一六八八年、カトリック復興をはかるジェームズ二世を廃し、ジェームズ二世の娘メアリと、その夫のオランダ統領ウィリアム三世を、共同統治者として王位につけたクーデター。イングランド内ではほぼ無血革命だったため、こう呼ばれる。この革命によって「権利の章典」が制定され、立憲君主制政治の基礎が確立された。

▼**ナントの勅令廃棄**　一五九八年フランス国王アンリ四世の発した勅令がナントの勅令。新教徒（ユグノー）に礼拝の自由（ただし公的場所での礼拝はパリ・宮廷所在地では禁止）、高等法院内の特別法廷、安全地域の設定、公職就任の承認などの特権を与えた。これによってユグノー戦争は終結したが、一六八五年ルイ一四世がこの勅令を廃棄したため、多くのユグノーが国外へ亡命した。

そして彼らは、ヨーロッパみたいな宗教戦争の二の舞はもうごめんだという教訓から、アメリカ合衆国が誕生したとき、憲法に信仰の自由、結社の自由、表現の自由をはっきり謳った。これがとりもなおさず、権力者である大統領個人がどんな信仰を持っていようとも、西欧の「国王」とは違って、政治に宗教を反映させない、宗教と政治をまったく切り離すという、現在の政教分離の基本原則の雛形になったのです。

国家と仏教の持ちつ持たれつの、共存共栄システム

以上が近代国家の政教分離の原則なのですが、厳密に言えば、これは西欧キリスト教文化圏でこそ生まれた理念であって、仏教の場合はまったくそれとは異なります。仏教はそもそも、出家して悟りを開こうとするのが目的ですから、世俗には、いわんや政治などには関心を持たない、持ってはいけないというのが大原則なのです。不幸にして関心を持ったら、それは「業」と呼ばれて、そこから解脱すべきとされる。

これが仏教本来の姿だったのですが、仏教がインドから中国に伝来すると、世俗化して変質してしまいます。当時の中国では、仏教というのは現代でいう科学と同じ、最先端の思想でした。僧侶は建築、薬学、天文学などの知識を備えた、最先端の科学者だったのです。当然、国家としては、彼らの知識を国のために役立ててほしいと願う。そこで、国家のために働いてくれるなら、あなたがたの生活は国家が保障しましょうという取引が、僧侶との間で成立するのです。こうして国営仏教が誕生しました。

要するに、国家から見れば仏教は、政治を安定させる道具の一つである。現実世界にとって有用であるという理由で、仏教を正当化し容認していったのです。一方、仏教の側からすれば、一般民衆を現世の苦しみや悩みから救済すること、言い換えるなら、仏の慈悲

をこの世に実現することが大切だ。国家＝政府と手分けをし、手助けして、少しでも人民の苦難を救うことができれば、それはそれでけっこうなことではないか、と考えるわけです。

こうした国家と仏教の持ちつ持たれつの、一種の共存共栄システムは、日本へも中国から入ってきます。ただ日本の場合は、中国と違って官僚制がきちんと成立しなかったために、僧侶が何かというと政治に口出しすることもできました。たとえば寺社領も全国の荘園のかなりの部分を占め、農業はもとより、政治、経済、文化のなかに仏教が深く浸透していく。これが平安時代の権門体制（天皇家や摂関家・公家、あるいは寺社など有力な諸勢力が作りあげた日本中世の国家支配機構）です。貴族でも、政治に向かない者や次男三男が、適当な領地をもらい寺に送り込まれ、高級僧侶になれる時代だったのです。

その後、武士階級が台頭し、貴族の荘園や寺社領をしだいに奪って自分の領土にするようになりました。戦国時代から江戸時代にかけて、寺社勢力（つまり宗教勢力）は徹底的に弾圧されます。有名なのは信長の比叡山焼討ちや一向宗の弾圧でしょう。武士階級が所領を完全に掌握すると、仏教はその特権性を失い、時の世俗権力に完全に従わざるをえない状況になるのです。

江戸幕府は、キリシタン弾圧にこと寄せて、仏教の管理に着手、檀家制度を敷きます。宗教を国家の管理下に置くことは、武士の政権が誕生するために絶対不可欠の政策だったのです。結局、布教活動すら禁じられた仏教は急速に形骸化し、僧侶は葬式など単なるセレモニーを行なうだけの存在になったのです。

そもそも政教分離は、宗教を信じる自由が認められ、政治や宗教それぞれが独立の権威を持ったときに初めて問題となるので、江戸時代はそれ以前の状態でした。要するに、日本の歴史のどこをひっくり返してみても、政教分離などという考え方を生みだす土壌はまったくなかったのです。

もともと日本には、信教の自由、政教の分離の考え方はなかった

江戸幕府が倒れ明治時代に入ると、政府は、日本にも信教の自由があるという体制をとることに努めます。貿易を活発化し経済力を高めるためには、欧米列強の手前、キリスト教に布教の自由を認めるというポーズが絶対必要だったのです。欧米から見れば、布教の自由のない国などは野蛮国に決まっています。けれども、下手に自由化してキリスト教徒が増えても困る。ここに明治政府のジレンマがありました。

明治初期、廃仏棄釈《はいぶつきしやく》が起こって仏教離れが進んだのですが、それが行きすぎてキリスト教徒が増えたらいけないので、ブレーキがかかりました。

そして仏教も、ある程度地位を回復したのですが、クローズアップされることになった

のが神道です。天皇を頂点に戴く一枚岩の国家体制を作るには、神道を利用するのがいちばん早道だと明治政府は考えました。

ただし難問は、檀家制度でした。江戸幕府の作った檀家制度は、日本人を全員仏教徒として登録していたのです。これをそのままにして、神道を広めるにはどうしたらよいか。悩んだ末に政府は一計を案じ、神道は宗教でないと定義することにしました。神道は日常に密着した風俗・習慣・儀式なので、宗教とは言えない。他の宗教（仏教やキリスト教）を信じていようと構わないから、国民は残らず神道に従うべきである、と。

こうして、国家神道が実現してしまった。もし神道が宗教であれば、国家が神道を強制することはできないし、靖国神社の国家護持もできない。だから、どうしても神道は宗教でないと言う必要がありました。なんとも乱暴な論法ですが、これが政府の政策だったから、表立って反対することは非常に難しかった。宗教的な信念を貫き、政府を敵に回して徹底的に闘い抜いた宗教人は数えるほどしかいなかった。大本教*の出口王仁三郎をはじめ、きわめて少なかったのです。もともと日本には、信教の自由、政教分離という考え方がなかった。だから、こんな政府の横暴が簡単にまかり通ってしまったのです。

▼**大本教**（おおもときょう）　神道系宗教の一つで、正称は大本。明治二五年（一八九二）創始。開祖出口ナオが執筆した「お筆先」を中心に、聖師出口王仁三郎が教義を体系化し、広く布教。「みろくの世」を唱えて世直し運動を展開、二度の弾圧を受け昭和一一年（一

九三六）解散。第二次大戦後再建。

終戦後、ＧＨＱがやってくると、当たり前のことですが、神道は宗教でないなどという詭弁は通用しなくなりました。そうなると当然、国家と神道は分離しなければならず、神道はこれまでの数々の特権を剝奪《はくだつ》されて、日本に数ある宗教のワン・オブ・ゼムにすぎなくなります。さらにこうしたことが二度と起こらないように、日本国憲法に「宗教の自由」を明記し、国家が特定の宗教を支持したり、税金をそのために支出したりしてはいけないと規定した。これでやっと西欧並みの政教分離の原則が憲法に盛り込まれたのですが、なにしろ外国から教えてもらったわけですから、日本人にはこれがなかなかピンとこない。宗教というのは本来、一人ひとりの人間の信仰心をとらえて信者を大同団結させ、社会の大きなうねりとなるはずですが、日本では民衆レヴェルで大きな宗教上の運動は生まれなかった。だから日本では、宗教の社会的地位が低いのです。むしろ宗教と言えば、世間一般の常識として、怪しげだったり、おどろおどろしかったり、うさん臭かったり、ハマると怖いものだったりする。これは信長以来の日本の支配者たちがとってきた宗教封じ込め政策の反映（マインド・コントロールの結果）にほかなりません。

憲法にいう政教分離の根本原則とは？

新進党の結成に公明党が加わったので、創価学会のあり方が政教分離の原則に反するのではないかという声が、一部に上がりました。そこで次にこの問題を考えてみます。

憲法上の「信教の自由」*の規定について、創価学会が主張していることは、間違っているとは思いません。憲法とはそもそも、政府はこういう方針で国家を運営してほしい、さもなければ政府を政府として認めないぞという国民からの最低限の要求であって、これに縛られるのは国民ではなく政府自身なのです。

▼**信教の自由**　日本国憲法には「信教の自由は、何人に対してもこれを保障する。」（憲法二〇条一項前段）と明記されているが、さらに四つのことが規定されている。
①「いかなる宗教団体も、国から特権を受けてはならない。」（憲法二〇条一項後段）
②「いかなる宗教団体も、政治上の権力を行使してはならない。」（憲法二〇条一項後段）
③「何人も、宗教上の行為、祝典、儀式又は行事に参加することを強制されない。」（憲法二〇条二項）
④「国及びその機関は、宗教教育その他いかなる宗教的活動もしてはならない。」（憲法二〇条三項）

国民は憲法によって政府をコントロールしています。だから、特定の宗教に関わってはいけないという禁止事項は政府に当てはまります。具体的に言えば、政府が国家予算の一部をある特定の教団や宗教団体に支出するといったことはできません。

これに対して国民は、当然のことながら信教の自由を保障されており、教会や宗教団体を設立する自由があります。この権利は国家によって制限されない。これが、憲法にいう政教分離の根本原則なのです。

問題なのは、それでは宗教団体が政治活動をしていいのかどうかという点です。宗教団体は国家から一定の保護を受けています。簡単に言えば、税金をまけてもらっている。国民の信教の自由を保障するという観点から、なるべく自由に宗教活動を行なえるように、国家が援助しているのです。

ただ、これは、あくまで宗教活動をするからこそ認められた特権です。たとえば、仏教を解説するパンフレットを作った。そうしたらよく売れて、儲かった。これが許されるのかと言えば、宗教活動の一部としてなら許されます。

しかし程度というものがあります。宗教と関係ない漫画もついでに出版したら、それが売れて何十億、何百億と儲かった。こうなるともう出版事業であって、宗教団体の域をはるかに越えています。出版社は世俗の団体だから当然税金がかかるし、宗教団体としての保護は受けられない。保護を受けたいのなら、活動を宗教の範囲にとどめておくべきです。

宗教法人が幼稚園を作ったり、駐車場を経営したりしてもいいのですが、ただそれは、宗教活動の枠内でやっているということが、宗教団体自身にも第三者にも明確でないとまずい。これが、宗教団体として国家の保護を受けるための原則です。

ですから、政教分離が成り立つためには、宗教団体とそうでない団体の性格がはっきり分かれていなくてはいけません。もし、それを分けたくないと言うのであれば、宗教団体としての保護をあきらめるべきです。

それならば、宗教団体が政党を兼ねることができるでしょうか。これはできません。宗教団体とそれ以外の団体が分離しなくてはならないという原則に引っかかります。それに、もしその政党が政権を取ったら、他の人びとの信教の自由を侵す可能性があります。だから当然、現憲法下では認められません。

では、宗教団体と政治、宗教団体と政党の関係はどうあるべきか。それは原則として、投票を通した関係に限られます。投票権（参政権）というのは、国民一人ひとりの自由な権利だから、何びとといえどもこれを奪うことはできない。完全な個人の権利です。だから、ある信仰を持っている人たちがその信仰上の理由によって、ある候補者のほうが好ましいと相談して投票することもできます。ここまでは創価学会が主張している通りで、間違いではありません。

学会は、財務を公開する義務がある

では、実態はどうでしょうか。宗教団体が選挙の際、特定の候補や政党の支持を表明することはどの宗教団体でもやっていることで、それ自体は違法とは言えません。しかし、宗教団体が政治献金をしていたらどうでしょうか。創価学会は旧公明党にお金は一銭も渡していないと言っていますが、それは、お金を渡すことは間違いだと思っているから渡していないのか。それとも、マスコミが騒ぐと困るから渡していないと言っているだけなのか。

そんな疑問が生ずるのも、学会が財務（経理の内容）を公開していないからです。宗教団体が集めたお金を宗教活動以外の目的に使うとしたら、それはルール違反になる。政治活動で使うお金は、最初から政党が責任をもって、宗教団体のメンバー一人ひとりから集めるべきなのです。そして、そのお金は当然、宗教法人としての保護を受けず政治資金としての扱いを受けるべきです。また、お金が渡っていなくても、学会の人びとが号令一下、無料で動員されるのだとしたら、それも問題です。ちゃんと日当を払うべきで、そうでなければ日当にあたる金額が政党に渡っているのと同じことになります。無料のボランティアで活動したい人は、党員になるべきです。

また財務を仏教の論理から考えると、在家の人たちの出した金品はサンガ（僧伽）に渡って初めてお布施になります。お布施となって初めて功徳となり、果報を生じる。サンガに渡らなければお布施でないから功徳にもならない。学会は在家信徒の集まりで、サンガ（宗門）ではありませんから、学会にお金を渡しただけではダメということです。

そこで学会は、会員から集めたお金がどう使われたのか、その使途を一円残さず会員の前に明らかにする義務があると思います。これが明らかになって初めて、会員から集まったお金が生きるというものです。政教分離を言うなら、少なくともそれをやる必要がある。もし、このお金の一部がある政党に渡り、なんらかの政治工作資金になってしまったとしたら、宗教上の論理からいってもこれはお布施ではない。また憲法上からいっても、宗教法人としての保護を受ける資格が疑われてきます。ですから、学会はこのことについてきちんと答えるべきだと思います。

学会バッシングの背景と学会の政治参加のあり方

なぜ創価学会バッシングが起こるのか。四月会*結成に象徴されるように、現在また、創価学会批判が吹き荒れているのはなぜでしょうか。この理由は単純で、政治の力学からみると当たり前のことです。

▼**四月会**　創価学会や公明党に批判的な文化人や宗教関係者でつくった団体。代表幹事・俵孝太郎。

*今回の選挙制度改革は、保守／革新の対立構図を作ってきた五五年体制からの脱却を目的としています。今はそこから、保守二党体制への移行期に当たる。それに伴って起こりうる問題なのです。

▼**今回の選挙制度改革**　一九九四年の公職選挙法部分改正により、衆議院議員総選挙に、それまでの中選挙区制に代わって小選挙区・比例代表並立制が導入されたことをさす。小選挙区で三〇〇名、比例代表区で二〇〇名を選出する。

具体的に説明しましょう。各選挙区では、定数一をめぐって、二人の有力な候補者が争うことになります。まさにタッチの差で当落が決まる。ここでまとまった組織票が動くなら、当落のキャスティングボートを握ることができます。

選挙区でまとまった票を動かせる組織というと、いま、共産党と創価学会しかありません。このうち、共産党は、保守二党のどちらにもつかない第三勢力ですから脅威ではない。その影響力を考慮に入れなければならないのは、創価学会だけなのです。

そこで、新進党の☆小沢一郎氏は、創価学会を敵に回してはたいへんだ、なんとか味方につけようという作戦に出ました。

そうなると当然、自民党側でも、創価学会が敵に回らないように懐柔を図ります。それが功を奏して、公明党は地方組織を分離して温存することになりました。そして学会は場合によっては自民党の立てた候補者を支持するかもしれないと言いはじめました。反学会勢力はそれに力を得て、学会批判キャンペーンを仕掛けて学会全体の組織力を減退させるという作戦をとっています。

*

創価学会は、選挙区の有権者の五パーセント前後の組織票を動かせるのですが、このことは民主主義にとって果たしてよいことなのでしょうか。

デモクラシーの国・アメリカにも、さまざまな圧力団体があります。ただし、それらはすべてマイノリティだと考えてもいい。さまざまな国から来た移民の寄り合い所帯だから、めいめいが固有の文化、考え方を主張すれば、どのグループも必然的に少数派になってしまいます。そこで、多数派を形成するために、互いに妥協に妥協を重ねていくのです。

どの圧力団体も、初めはフリーハンドですが、自分たちの政策を候補者にアピールし、その政策をより高く評価してくれた候補者の支持母体になります。要するに日和見主義なのですが、自分たちの主義主張に近いほうの候補者を支持するわけだから、団体のトップは末端の人びとにその理由を説明できます。たとえば、反原発グループがあったとして、A候補者は新規の原発のみを凍結すると言ったが、B候補者は既存の原発廃棄までも打ち出した。われわれにとってはB候補者のほうが望ましい。こういうふうに説明して、はっきりコンセンサスを取りつけることができます。

ところが創価学会の場合、そこがはっきりしない。今までは公明党という、学会が支持母体になっていた党がありました。この党は学会の政治部のような存在だったから、話は簡単だった。公明党に投票すればすんだのですが、これからはそうはいきません。自民党に投票しなくてはならないことにでもなったら、これは説明がつかない事態です。仕方がないので、今、学会の地方支部では、候補者は人物本位で選ぶなんて言っているそうですが、そんなことを言うくらいなら、まったく個人の選択に任せた自由投票にすればいいのです。

学会の組織票が固まって行動するのであれば、そこには政策が必要になります。特定の政策体系を持ったら、それは政党になってしまい、宗教団体としての学会の枠をはみ出してしまう。ここに矛盾があります。この矛盾を解消するにはどうしたらいいかというと、公明（旧公明党の地方組織が分離独立したもの）が政党としての実体を持って、きちんとした政策体系を作ることしかありません。そしてあくまでも自前で市町村レヴェルの候補者を立てるべきです。ただ、国政レヴェルの選挙となると当選は難しいでしょう。そこで、この政策体系を守ってくれるのは新進党だろうか、自民党かあるいは別の新党だろうかとケース・バイ・ケースで考える。そして学会員としてでなく、公明の党員としての資格で投票する。学会員は、宗教活動のほかに、公明の党員としてふだんから政策の勉強をきちんとしておかなければなりません。

しかし、実際の創価学会の活動を見ていると、どうもそうじゃないらしい。日頃は宗教活動に専念しているのに、選挙になると突然強力な集票マシーンと化す。それぞれの選挙区で、各地区一〇票単位まで票が読めるような現状は、はっきり言って民主主義に少しもプラスにならないのです。投票の原則はあくまで、有権者一人ひとりが独自の判断で投票すること。この点が保障されてこそ民意が正しく反映されるのです。

自主投票をするうえで、誰かの意見を参考にするということなら、別にかまわないと思います。また、公明であれ新進党であれ、党員としての資格で政策論議したうえで集票するのなら民主主義の枠内です。つまり、創価学会の会員が同時に、平素から公明の党員、あるいは新進党の党員になって政治活動するというスタンスをはっきりさせてこそ、政教分離の原則と合致することになるのです。

「信教の自由」にも限度があるか?

最後に、地下鉄サリン事件以来、疑惑の渦中にあるオウム真理教のケースについても、考えてみましょう。

オウム真理教は、仏教系の新興宗教のひとつで、その点は創価学会と同じです。ただし仏教系と言っても、ヒマラヤで修行し日本人でただ一人最終解脱を果たしたという麻原彰晃氏を教祖と仰ぐわけですから、昔から日本にあった天台宗、浄土真宗、日蓮宗などの宗教とは関係ありません。「原始仏教系」とでも言うべき、新しい教団です。

オウム真理教の疑惑をひと口で言うと、彼らが組織をあげて日本の法律（世俗法）をおかす行動をとったのかどうか、これにつきます。教団の一員として行動することが、必然的に刑法その他に違反する構造になっているかどうかが問題なのです。

宗教はその本質から言って、世俗の価値（一般の人びとが信じている価値）よりも宗教的な価値を上位に置きますから、法律と宗教上の要請とが矛盾すれば、宗教上の要請のほうを取ろうとする。その意味で、〝反社会的〟となる潜在性があります。状況がどうあろうとあくまでも宗教的な価値を追求できることが、宗教の理想です。

では、実際にはどうか？　ユダヤ教やイスラム教、キリスト教では、社会と宗教が矛盾した場合、社会のほうを宗教に合わせて改造します。日本人にはこの発想がありません。日本人は、宗教のほうを社会に合わせるべきだと思っているのです。

いっぽう仏教は、出家主義をとっており、出家者の行動も世俗の法律と矛盾しないように工夫されています。

原始仏教のサンガ（出家した比丘《びく》たちの集団）は、世俗社会と隔離された別世界です。サンガでは、世俗の法律は適用されません。治外法権ですけれども、指名手配されている犯人は出家させない、みたいなルールもある。世俗の法律以上に厳しい戒律を守る人びとの自律した集団であるからこそ、自治を認められているのです。

サンガのルールは、比丘たち一人ひとりのための戒律（具足戒《ぐそくかい》）と、サンガの運営規則の二つからなります。具足戒は、私有財産や殺生《せっしょう》を禁じていますから、窃盗や傷害事件は起きない仕組みになっています。いっぽうサンガの運営規則は、和合（全員一致の合意）が基本です。修行は自発的に行なうものですから、強制は一切ありません。たとえば、戒律に違反してしまった場合も、集会のときに自己申告するのが原則で、罰も自分で自分に課します。こういう具合なので、サンガの内部で、世俗の法律に反する犯罪やスキャンダルが発生する余地はありません。

オウムの教団も出家者の私有財産を認めないなど、戒律は似ているようですが、組織原理はまったく違います。麻原氏は人びとを最終解脱に導くため、「信仰上の独裁者」になると言っている。修行のランクがそのまま、教団のヒエラルキーになり、指揮命令系統になる。和合でなしに服従が、集団の運営規則の基本になっています。仏教の原則とは正反対です。

こういう官僚型の組織では、上位にある人間が、世俗法を破ってもよいと考え、それを命令した場合、ほかの人びとはそれに従うほかなく、教団組織がそのまま犯罪結社に転化してしまいます。犯罪結社と言っても、法を犯すこと自体を目的とする暴力団とは違って、宗教上の目的のためにたまたま法を犯すだけなのですが、結果からみれば反社会的であることに変わりはありません。

宗教上の理由から、法律を破ることを常習にする教団が現れた場合、では、どうしたらいいでしょう?

原則として言えば、信教の自由(そして思想信条の自由や結社の自由)は、民主主義の憲法の根幹をなすもので、こうした教団にも適用される。例外は許されません。法律を破ってもよいという信仰や思想が現れても、それを頭のなかで考えたり、人に話したり、出版したりしているだけなら、まったく自由です。宗教法人としての保護を受けることもできます。教団メンバーの具体的な行為が法律に違反したら、それらの行為を取り締まることができるだけなのです。

宗教法人法には解散の規定がありますから、犯罪が組織ぐるみできわめて悪質な場合、教団の解散を命ずることもできます。でもそれは、教団の法人格を認めなくなるというだけで、信者が信仰を維持し、集団で活動を続けることは止められません。

反社会的な教団が現れたら、解散させればいいとすぐ考えてしまうのは短絡です。少々奇妙であっても、そうした教団の信仰の自由を守ることは、われわれすべての利益でもあるのです。今回のオウム真理教への警察の対応を見ていると、農地法違反とか無許可でヨガ道場を開いたとか、ささいな法律違反を根拠に強制捜査をしたり、信者を別件逮捕したりしていますが、違法すれすれのやり方です。捜査が違法であれば、有罪が立証できなくなるおそれもあります。信仰や教団そのものではなしに、彼らの行為を裁くことができるだけであることを忘れるべきではありません。

（一九九五年初出）

ベンチタイム・コラム
政治が絶望的に下手くそな日本人

この文章は、「日本人・どこがだめか」という雑誌特集のために書いた。いかにも日本らしい特集である。これが中国なら、「中国人・どこが優秀か」という特集でないと、売れないだろう。この自信過剰が、中国人のだめなところだという説さえある。というわけで、日本人がどうしてだめなのかを、中国人と比較して論じてみることにする。

まず端的に、中国人は人材が多く、しかも一人ひとりが堂々としている。いっぽう日本人は、一人になると貧相だ。一対一では、完全に日本人の負けである。ところが集団になると、日本人は俄然力量を発揮する。俺がリーダーだ、いや俺のほうが偉いと、中国人が内輪でもめているあいだに、日本人はさっさと隊伍を整え、効率的な組織をこしらえてしまう。

近代中国が四分五裂して、列強の餌食《えじき》になっているあいだに、日本は明治維新を成功させ、新興工業国になり上がった。こうした歴史の分かれ目も、いまのべた事情と関係があるのかもしれない。

＊

中国は、世界の中心、文明そのものであった。その正統教義である儒教のテーマをひとくちで言うなら、人民を統治するリーダーを養成すること、これに尽きる。実際に出来あがるのは、皇帝を頂点とする官僚組織で、そこには上司も部下もあるのだが、部下は上司の仕事の一定部分をそっくり請け負うかたちになっているため、やっぱりリーダー然としている。〝誰かの部下になるための訓練〟など、中国人はあまり好まないのだ。

これに対して日本は、中心でなく周縁、文明の外れにある。外れである以上、どこかよそから文明の成果をかっさらってくるのは当たり前だ。だから第一級の知識人は、日本でなくよそにいるものと、みんな思っている。また目標さえはっきりしていれば、それに追いつくのは得意だ。そこで日本の教育は、リーダーになる訓練よりも、よい部下であるための訓練を重視することになる。

たいていの日本のリーダーは、リーダーになる訓練など受けていないから、長年勤めたあと辞める間際にトップの座につかされ、目を白黒する。でも心配することはない。日本の組織はたいていのことは、いつのまにか部下が決めてしまうからだ。こうした組織を外からみると、肝腎の決定は誰が下したのかわからないし、リーダーもその責任は取らない。まことに奇妙だ、ということになる。

こういうわけで、人間のスケールでは、日本人は中国人にかなわない。もちろん中国でも、ダメな人（小人）はとことんダメなのだが、リーダーとなると風格がまるで違う。なぜなら中国のリーダーは、すべての要素をそなえた小宇宙でなければならないからだ。

＊

これを別な角度から見てみよう。中国人は政治に天才的な冴えをみせる。いっぽう日本人は、政治が絶望的に下手くそだ。この違いはどこから来るのか？

中国はもともと多民族国家であり、周辺の異民族にも何回か征服された。そんな厳しい状勢に対応して、人間関係の結束が固い。血のつながった者は「宗族」という集団をつくり、血のつながらない者は「幇《ほう》」という結社をつくる。こうしておけば、土地を追われ財産を奪われ散り散りばらばらになっても、仲間をみつけて再起をはかることができる。中国では目にみえる組織や法律の信頼性より、人間関係がものをいうのだ。

日本は平和な社会なので、そこまでものを深刻に考える必要がなかった。日本人にとっては、たまたま自分が所属した集団で、うまくやっていくことが大切だ。固定した人間関係よりも、集団への帰属のほうが重い。だから企業は、容易に「共同体」に転化してしまう。それどころか、天皇をいただいた国家までもが、共同体に転化してしまった。戦前の日本人が戦争を支持したのは、共同体の危機を感じたからである。

さて中国の組織では、ものごとをリーダーが決めることがはっきりしている。いっぽう組織の内外には、さまざまな人間関係が張りめぐらされている。そこでリーダーの序列をめぐって、またその後継者をめぐって、不断のかけひきと争いがまきおこる。このため極端に言えば、組織の日常業務もすべて政治になってしまう。

いっぽう日本の組織では、合意が重視される。合意といっても、人びとが討論の結果コンセンサスに至るのではなく、反対の意向がないことを順番に確認するだけである。合意をうるのに、リーダーシップは必要だが、リーダーは要らない。また、合意のかげに隠れて、すべての対立（政治の前提である意見の相違）は闇にもぐってしまう。日本の組織のなかにも政治らしいものはあるのだが、その技術は、公の政治では使いものにならない。民主主義とも関係ない。それを制度化して、正式の制度にすることもできない。合意を重視するとは、言い換えると、政治はないほうがいいと思っているということ。だから、日本人が政治下手なのは当たり前なのである。


（一九九四年初出）

講座2

暮らしと経済

資本主義再入門

1　資本主義とは何か

「資本主義」とは何か、まず最初に定義から入るべきでしょう。ただ、いきなり定義をしても、なかなかすんなりとはわかりにくい。そこで、ちょっと回り道をして、「資本主義」とよく似ているけれど違うもの、から考えてみることにします。「商品経済」「市場経済」「資本主義」、そして「社会主義」。この順序でお話しすると、「資本主義」というものがおぼろげながら浮かび上がってくるんじゃないか、と思うんです。

「商品経済」が、この中では一番広い概念だ。文字通り〝商品のある経済〟という意味ですが、ポイントは「商品」がつねに「貨幣」とペアだということです。つまり「貨幣」があって、「貨幣」で「商品」が買える経済のこと。「貨幣」で買えるのが「商品」で、「貨幣」で買えないものは「商品」ではないのです。

「商品経済」にもいろいろあって、「貨幣」で買えるものの範囲がごく限られている場合もあります。お祭りの日なんかに市場《いちば》に並んでいる「商品」を買うことはできるけれど、それ以外のものは買えない。でもそれは、やはり「商品経済」であって、「商品経済」そのものは、ずいぶん大昔から存在していたんですね。

つぎに「市場経済」ですが、「商品経済」とごっちゃにして使う人もいるけれど、ここではきちんと区別して使いましょう。厳密な意味での「市場経済」は、「商品経済」が発展して、なんでも貨幣で買えるようになった経済のことをいいます。世の中のものはすべて「商品」になってしまって、人身売買など特殊な例外は禁止ですけれど、原則的には貨幣で買えないものはない。

この「市場経済」は、しばらく前までは「資本主義」と同義語だったんです。なんでも貨幣で買えるような便利な社会は、資本主義以外には見当たらなかった。それが一昨年、中国が「社会主義市場経済」というのを始めて、必ずしも資本主義だけのものじゃなくなったんですね。だから、今までは「市場経済」と言えば一つだったのが、「資本主義市場経済」と「社会主義市場経済」の二つができてしまった。つまり、「市場経済」であっても「資本主義」ではない、ということもありうるようになった。要するに、「資本主義」「市場経済」「商品経済」の順に広くなっていく概念と言えるわけです。

ちなみに少し補足すると、マルクス主義の用語では、革命が起こって資本主義が倒されると、それはイコール「市場経済」の停止を意味する。ただし、その場合でも、貨幣をすぐになくすとかえって混乱を招くから、「商品経済」だけはしばらく続けていく。……というふうに理論づけられていたわけで、実はスタートの時点から、「資本主義」は「市場経済」だけと同義だった。だから鄧小平さんが「社会主義市場経済」と言ったのは、天地を引っくり返すような発想の大転換だったんです。マルクス主義にとっては、「資本主義を復活させる」と言うのと同じくらい、すごいことだったんですね。

そこで「資本主義」とは何かということになるんですが、それは置いておいて、先に「共産主義」と「社会主義」を片づけてしまいましょう。

*

「共産主義」とは何か。マルクス主義の定義によれば、「私的所有がない」ことがポイントです。個人の所有権がなければ、「商品」や「貨幣」もありえないわけで、理論的には「共産主義」と「商品経済」や「市場経済」とは、完全に矛盾するものなわけです。

けれど具体的に考えてみると、個人の持ち物が何もなくなってしまったら、どうやってものを手に入れたらいいのか、日常生活でもすぐに問題が生じてくるに違いない。パンツにしても、歯ブラシにしても、それぞれ自分で作れるわけじゃない、作る人と使う人は違いうんですから、最低限の日用品を「買う」ために、やはり多少の「商品経済」は残っていかざるをえない。

ですから、一口に「商品経済」と言っても、その中にはいろいろな形が存在するんです。「純粋共産主義」においてはパンツも歯ブラシも、一切のものが共有なんだけど、それは絵空事にすぎない。原則としては私的所有がないけれど、現実にちょっとした個人所有は認められているというのが、過去にあった共産主義の試みの実際の姿なんですね。

マルクス・レーニン主義によると、「資本主義」が打ち倒されたあとには「社会主義」が建設され、「社会主義」が高度になると、「共産主義」になるという。完全に私的所有がなくなったものが「共産主義」ですから、「社会主義」は、私的所有を制限してはいるけれど、まだ残っている、不完全な形なんです。私的所有を制限してはいるけれど、まだ残している。

だから、金持がいたら、金持が私的に所有しているたくさんのものを取り上げてしまう。穏やかに取り上げれば「税金」だし、強権を発動すれば「没収」。そして、集めたものを別の人に分けてしまうわけですが、別の人のものになるということは、また別の誰かの私的所有になるわけだから、所有権はまだあるわけですね。そうやって所有権を制限して弱者のために再配分を行なう。これが「社会主義」の原形です。

「共産主義」も言ってみれば「社会主義」の一つの形なのです。「社会主義」にはちょびっとやる「社会主義」もあれば、かなりやる「社会主義」もあって、徹底的にやれば「共産主義」になる。ゆえに、「共産主義」は「社会主義」ですが、「社会主義」は必ずしも「共産主義」とは限りません。

ですから、「共産主義」と「資本主義」は絶対に矛盾しますが、「社会主義」と「資本主義」になると、話はちょっと違ってくる。「資本主義」でも、ちょっとだけ「社会主義」の考え方を使って、金持から重点的に税金をとって弱者に振り分ける「福祉」をやれば、それは「社会主義政策」になる。「社会主義」の色合いのある「資本主義」ですね。そして、この中間もいろいろあって、「資本主義」と「社会主義」とは、矛盾せずに両立しうるんです。

＊

いよいよ「資本主義」を説明する番になりました。いろいろな定義がありますが、ここではマルクス☆の定義を使います（ちょっと注意しておくと、「資本主義」はマルクスの『資本論』がもとになって生まれた概念ですが、困ったことに、マルクス自身は「資本主義」という言葉を使っていない。あれだけ分厚い本でありながら、どこを探しても「カピタリスムス」という単語は出てこないんです。じゃあ、彼は何と言ったのか。「カピタリスティッシェ・プロドゥクツィオンス・ヴァイゼ」。ドイツ語ですが、訳すと「資本家的生産様式」。資本家がやるように生産活動を行なう、という学術用語だった。それがそのうち「資本主義」という呼び名もあったほうが便利だというので、「資本家的生産様式」の略語みたいに使われはじめた。資本主義側の人びともいい名前だと思ったらしくて、自分でもこう名乗るようになった、というわけです）。

さて、マルクス主義の定義によれば、「生産手段が私的に所有されているシステム」、これが「資本主義」です。

ここでちょっと基本知識の復習をしましょう。「所有」とはなんでしょうか。法律学が説明するところによると、「所有」は「使用」「収益」「処分」の三つの要素を含んでいる。「使用」というのは文字通り使うこと。家を持っていれば住めるし、コーヒーを持っていれば飲める。これが「使用権」ですね。「所有権」は移さずに「使用権」だけのやりとりもできる。家を借りる場合なんかがそうですね。

「収益」は、自分で使うのではなく、人に使わせるなどして金をとる。貸家を大家さんから借りていても、一般に収益権はありません。また貸しはできないわけです。

「処分」というのは、そのものを自分から手放してしまう。これには二種類あって、一つは壊してしまうこと、もう一つは売ってしまうこと。どちらも、自分のものならいいが、人のものを勝手に「処分」してしまったら犯罪です。生産手段を「所有」しているというのは、そこから「収益」を上げてもいいし、いらなくなったら他の人に売ったり壊したりして「処分」してもいいということです。

この「生産手段」も説明しておきます。「生産手段」と「生産要素」はちょっと違っていて、「生産要素」というのは生産のために使われる財のことで、「土地」と「労働」と「資本」がある。「土地」というのは経済学では自然的資源のことで、水や空気や地下資源をみんな含むんです。「労働」は人間の労働力のことで、「資本」は元手のこと。この三つをうまく組み合わせて生産が行なわれるわけですが、このうち労働力でない部分を組み合わせたもの、つまり工場みたいなものを「生産手段」という。さあ、生産するぞという状態、生産するチャンスが「生産手段」であり、これを所有できるのが資本家というわけです。

ただ、この「生産手段」は、原始的な社会だったら、誰もが自分で「所有」していたんです。狩りにいくなら弓、槍、棍棒。畑を作るなら鋤、鍬、斧。そうやって生きていくのが本当の姿だったんだけど、世の中が進んで大規模な生産が起こってくると、みんながみんな自分の生産手段を持っている、というわけにはいかなくなる。

その結果、最初に出てきたのが「奴隷」です。「奴隷」は人に所有されるもので、所有された結果、自分は何も所有できなくなる。自分の所有しているものは、自分の所有主の所有物ですからね。人間でありながら「商品」になってしまう。古代はだいたいにおいて奴隷制社会だったのであって、当時の地主は「土地」も「労働」も「資本」も所有していたんです。

けれどその後、人間を所有してはいけないというのが社会常識ないしルールとなって、人は互いに独立の存在となった。資本主義社会では、人格として資本家や社長も労働者もまったく対等である。彼は自分の「労働力」、つまり労働できる能力を彼らに売っているだけなのです。何時から何時までどこそこで働くという契約を結ぶことを「労働力を売る」と言うんですが、こういうふうに労働力が商品となって売買されるのは、それほど古いことではありません。労働力市場は、むしろごく最近にできたものなんです。

二百年ぐらい前まで、職業は世襲だったでしょう。農民の子は農民だし、職人の子は職人、武士の子は武士。だから、たとえ労働者が必要でも募集することができなかった。価格が上下することによって需要と供給が調節されるのが市場だけれど、賃金が高くなるからといって、ワーッと集まってきたりしない、そういう意味で労働力の市場というのはなかったんです。

だから、工場なんてできても、最初は普通の人間がいく場所だと思われていなかった。電線の下を通ると血を吸われると言われていた時代、富岡の製糸工場には食いつめた武士の娘が決死の覚悟で行ったものだし、野麦峠なんかも思い出してください。農村が縮小していって工業が発展し、第三次産業もぐっと伸びた。日本でこんなふうに資本主義が全国化したのは、つい最近なんですね。アメリカやイギリスではもう少し早かったけれど、それでもそんなに古いことじゃなかった。資本や土地の市場は前からあったけれど、労働力の市場ができた、労働力が商品になったということが、資本主義が成立するための決定的なターニングポイントになったんです。それはなぜか。労働力が商品になると、あとは資本と土地さえあれば、大勢の労働者を集めて、いくらでも生産を拡大できる。生産力大発展が可能になるわけですね。ここに至って、市場経済は本当の意味で全面化する。

それまでの社会も一見、なんでも貨幣で買えるように見えたけれど、実際にはずいぶん制限があったんです。たとえば土地は、売ったり買ったりできない場合が多かった。江戸時代なんて田畑永代売買禁止令[*]でしょう。売っちゃいけない。だから、工場を建てようと思っても場所がない。労働力は世襲だし、資本についても、お金を貯めたり集めたりはできても、株式会社を作ることはできなかった。こうした制限を打ち破って土地の市場を作る、労働力の市場を作る、資本の市場を作る。これが資本主義が出発するための突破口なのです。

▼**田畑永代売買禁止令**　江戸幕府が出した田畑の売買禁止令。土地移動による農民の貧富の差の発生と、それによる年貢滞納、離村を防ぐため、寛永二〇年（一六四三）発令。

これは同時に、社会革命でもあるんですね。それ以前の社会は封建社会と呼ばれていて、身分制が敷かれ、職業は世襲で、土地は伝統的に共同体や封建領主、あるいは国王の所有物になっていた。経済活動の自由もなくて、価格も決まっていれば、誰が何をどれだけ作るかも、誰に売るかも決まっている。商品は移動の自由が制限され、いたるところに関所があって、関税も高い。封建社会が成熟していくと絶対王政という段階に入って、国王がしきりに経済活動に口を出す。税金は集める、関税はとる、独占事業を手掛けたり一部の大商人に特許を与えて、ほかの商人を排除したりもする。でも、そんなことをやっていたのでは市民階級、資本家、ひいては資本主義の邪魔になるというので、封建社会や王様を倒して資本主義を打ち立てる実力闘争として行なわれた典型的な例が、市民革命ですね。政治的自由も含めた経済的自由を拡大したところに市民社会ができあがり、それとともに近代国家もできあがっていった。資本の論理をつき進んだ結果が、大きな社会変化を生みだしていったんです。最初に誰かが、こういうふうにしてやろうと設計したものではない。みんなで勝手にやっているうちに、二百年三百年かかってだんだんできあがっていった。

もし誰かがあらかじめ設計したものだったら、システムに最初から「資本主義」という名前を与えていたはずでしょう。いつのまにか経済メカニズムが資本主義的になり、そこでこの社会はいったいどういう社会なのかというので経済学が生まれたけれど、なかなかうまく説明できなかった。それで、マルクスが『資本論』を書いたり、それがマルクス主義になったりしてそのメカニズムを分析したわけです。とにかくそれは自然にできあがった。この自生的なものであるというのが、資本主義の特徴ですね。それに対して社会主義は、まず設計図が先にあった。きちんとした目的をもって作られたわけで、社会主義や共産主義に言わせれば、自然にできた分だけ欠点が多い、というのが資本主義の姿なんです。

2　資本主義の歴史

次に、資本主義は歴史とともにどう変わったのか、について考えます。前半は、マルクス主義の考え方に沿って説明し、後半のマルクス主義の説明では現実と合わなくなってしまう部分は、社会学の見方を交えて説明することにしましょう。

まず資本主義は、「原始蓄積」という段階を経ます。資本家は資本を手に入れなくてはならないけれど、生産手段は、かなり高価でしょう。まとまった金で、土地や工場を買わないといけないし、労働者への賃金の支払いも遅れるわけにはいかない。製品が売れるのはかなり先だったりするわけで、そうなると、あらかじめ元手が必要になる。この元手をかき集める時期が、「原始蓄積」(略して原蓄)と言うんです。

この原蓄過程においては、聞くも涙、語るも涙の、ものすごい労働状態が生まれました。泥棒すれば一番簡単ですが、それでは捕まってしまうので、ギリギリのコストで労働力を絞りとる。たとえば初期のイギリスの炭坑なんかは有名ですね。少しでも安く石炭を掘るために、大人では大きな直径の穴を掘らなくてはならないので、子供を使うことにした。朝早く穴の底に降ろしてしまうと、梯子をはずして、出られないようにしてしまう。で、石炭を何杯掘るまでは出してやらないぞみたいなノルマを課して、それが終わるまでは出してはやらないわけです。劣悪な条件で働かされて、子供は次々に死んじゃうんですけど、代わりはいくらでもいるから問題ない。ただ同然のコストで、儲けはがっぽり。こういう類の話はゴロゴロしていた。

それではいくらなんでも社会的に害悪が大きい。そこで次に、労働者に生活ができるだけの賃金を支払う段階に入ってきます。ここからがちゃんとした資本主義と言える段階で、「産業資本家」が生まれてくる。「産業資本段階」ですね。これは、いまの言い方で言うと、オーナー社長だと思えばよい。

どういう素性の金なのか経緯はいろいろですが、そこそこの金持があちこちにいて、自分で出資して会社を作った。建設会社なら、建設用の機械やなんかは、みんなその社長さんが用意して、従業員を働かせる。よくある中小企業みたいですが、この形態以外の会社はほとんどないというのが、この「産業資本段階」なんですね。みんなオーナー社長ですから、自分の会社を大きくしようとして一生懸命働く、どんぐりの背比べで競争が激しいんだけど、競争の中からだんだん生き残っていく会社が出てきて、小さな会社を買収したりして大きくなっていく。

この大きくなる方向にはいくつかあって、ほかの会社を買収するというのもその一つですが、そのほかに銀行に頼むというやり方もある。銀行というのはお金を貸すのが専門で、いろいろな人から預金を集めて、有望な会社に投資したりもする。銀行から借りることができれば資本は一挙に増えて、利潤が上がった中から銀行に利子を返したとしても、トータルでぐんと儲かるようになる。こうして成績のいい会社と銀行が結び付いて、急速に発展していくわけです。

するとどうなるか。産業資本家である社長さんの、会社の資本の総額における自分の持ち分が、どんどん小さくなってしまうんです。人から借りたお金で会社をやるということになると、出資者と経営者（社長さん）とが分かれてくる。これを「所有と経営の分離」と言うんですが、銀行から金を借りるやり方もあれば、株券を発行する場合もある。後者は、財産はあるけれど自分では会社を経営したくない人たちがお金を出し合って、共同で大きな会社を設立する。自分の持ち分としてそれぞれ「株券」をもち、誰かに会社を経営させて、利益が上がったら持株の比率に応じて配当をもらう、というシステムですね。株券をもっている人を「資本家」と言い、会社を預かる社長を「経営者」と言います。

このようにして、産業資本の段階では分離していなかった所有と経営が、やがて分かれてくる。この中でも銀行が絡んでくる場合を「金融資本」と言うわけですが、こうしてつぎは大企業を中心とする「金融資本」の段階になっていく。大企業はいくつも合併し、財閥とかコンツェルンといったものを作っていきます。そうやって、市場をその企業グループで支配したりする。これを「独占資本」と言います。「独占資本」の段階になると、その国の政治、外交までを動かす、大きな影響力を手に入れることができる。対外的には

「帝国主義」と呼ばれるようになって、国家とその企業グループの利害が一体になってくる。日本でも昔はそうでしたが、企業グループの権益を守るために軍隊を派遣して植民地を作ってしまったりするんです。

資本主義の前半は、こうして「原始蓄積」→「産業資本」→「金融資本」→「独占資本」という段階を経て進む。マルクス主義はこのように分析し、実際世界史はこの通りに進んだので、マルクス主義は大変な説得力を持ったわけですが、マルクス主義の予想によると、この「帝国主義」は行き詰まって帝国主義戦争になる。そんな中で労働者が立ち上がって、世界中で革命が起こり、社会主義、共産主義に進んでいくという歴史予測をして、現にレーニンが指導したロシアではそういうことが起こったわけですが、予想に反してほかの国では起こらなかった。そういう、ちょっとしたボタンのかけ違いはあったけれど、そのうち革命は起こるに違いないと考えるマルクス・レーニン主義のグループと、資本主義はこの先も社会主義や共産主義にはならないよと言うアメリカや西ヨーロッパのグループと、ものの見方が真っ二つに分かれてしまった。これが、二〇世紀のはじめの状態だったんです。

＊

さて、その後、現実はどうなったか。レーニンが予想もしなかった方向に進んで、ファシズムというお邪魔虫をアメリカと協力してやっつけたりもしましたが、その後いよいよ対立が本格化し、冷戦に突入しました。ちなみに、「帝国主義」と「冷戦」は、まったく違います。「帝国主義」というのは独占資本をバックにしたいくつかの国家が経済ブロックを作って、資本家同士が対立するのだけれど、「冷戦」では資本主義国は一つにまとまってしまう。社会主義国、共産主義国も一つ。で、一対一で対立する。

この冷戦のもとで、経済建設競争が始まりました。どっちが立派か、どっちが強いか。どっちが強いか比べるのだったら戦争するのが一番なんだけれど、でもそうなると核戦争ですから、実際は戦争にはならない。できない戦争をするぞするぞと言いながら、経済建設競争に力を入れた。ソビエトは五カ年計画なんかやる。対するアメリカは、資本主義をどんどん変質させていった。というか、資本主義のもとで質的に進歩していったんです。

これもいくつかの段階があって、資本主義社会はまず「高度成長期」を迎えた。しかも、その成長を維持するためにケインズ政策を使った。ケインズの考え方、税金で国家が公共事業を興して経済にはずみをつける、というものですが、これは社会主義の考え方の真似ですね。経済を自由放任しておくのではなく、特定の目的のために国家が税金を集め、必要ならば国債も発行して事業をやる。国家のやった公共事業なら、病院でも学校でも老人ホームでも、地域社会や弱者に利益が及んでくる。高度成長社会イコール福祉社会と言ってもよいでしょう。そういう段階に資本主義がなっていった。それが七〇年代までだったんです。

福祉社会がある程度充実し、八〇年代には「消費社会」を迎えました。消費社会は福祉社会の延長でもあるんですが、これは、国がいろいろなものを作ってくれはしたけれど、個人の消費生活はあまりにもみすぼらしいじゃないか。あるいは、たいていの必需品は買い揃えられて、消費が停滞しはじめてもいる。そこで、手をかえ品をかえ目先をかえて、いるかいらないかわからないようなものを消費者に押しつける。そうやって経済をさらに持続的に発展させていこうという作戦なわけです。これはケインズ政策の行きづまりでもあって、国債を発行して経済建設に励んだ結果、国に赤字が溜まって、これ以上ケインズ政策を続けることはできなくなった。そこで、個人消費を拡大させなければならないとばかりに、広告会社を総動員して消費社会を進め、それなりにうまくいって、どこかの国ではバブルなども生まれおおいに調子づいたんですが、こんなことが長続きするはずもなく、すぐに息切れしてしまった。これが八〇年代だったんです。

そして、現在は「ポスト消費社会」段階ですが、これが具体的にどういうものなのか、まだわかっていません。ケインズ型の政策でバンバンやるのはもう無理だし、公共土木事業中心の経済発展も難しい。消費社会のように個人消費を煽《あお》って引っ張るのも無理ですね。「ポスト消費社会」という名前はあるけれど、その実態はまだわからない。

*

ところで、話は戻りますが、なぜ「金融独占資本」は「帝国主義」になってしまうのか。外国と戦争なんかしなくても、仲よくしてればいいじゃないか。ところがそうならないのは、資源と市場の奪い合いが起こるからなんです。

マルクス主義の説明によれば、こうなります。資本家の利潤が上がる原因は、労働者の搾取にある。労働者は生活できるだけの賃金を受け取っているけれど、実はそれを上回る価値の商品をこしらえていて、残った部分は資本家にかすめとられている。それがどのくらいの割合かを「利潤率」といって、すぐに計算できるんだけど、マルクスが証明したところによると、資本家が資本を蓄積して工場やなんかの設備を増やしていけばいくほど、だんだん利潤が上がりにくくなっていく。「利潤率低下の法則」と言うんだけど、資本主義社会は成熟すればするほど利潤率は下がり、資本家は儲からなくなっていくというのが結論です。これを手っ取り早く解決しようとすれば、独占価格を値上げしてしまう。すると利潤はまた上がりますが、これはツケを人に回すわけですから、すべての産業がそうすることによって、結局はもとの木阿弥になる。一時しのぎにしかならないんです。

そうなると、国内での解決の見込みはなくなって、国外に進出することになる。どの国も同じことを考えますから、国外での利害が衝突せざるをえない。だから、帝国主義戦争は、不可避であると、こういう法則なんですね。で、このとき手足になって戦争をするのは誰か。もちろん労働者だ。工場でも搾取されていた労働者が、資本家のために鉄砲を持たされて、命を賭けて殺し合わなくてはならない。これはあまりと言えばあんまりだ、そこで万国の労働者は団結して決起し、資本家を打ち倒さなくてはならない。これが「世界同時革命」であり、マルクス・レーニン主義の神髄です。

この理論はかなり緻密によくできていましたから、一九三〇年代には非常に影響力を持った。ほかの経済学がレヴェルが低かったこともあって、真面目に勉強すると、みんなマルクス主義になってしまったのです。だから、日本の大企業の経営者には、マルクス主義者だった人がずいぶんといる。

そのマルクス主義のどこに限界があったのか。それについては、のちほど説明しましょう。ちなみに、近代経済の立場からマルクスの経済学を徹底的に解明したのは日本人です。二、三年前までロンドン大学の教授だった森嶋通夫☆さん。P・A・サミュエルソン☆もこの問題について論文を書いていたんですが、もう一つ証明が十分じゃなかった。ペンディングになっていたテーマを引き継いで完成したのがこの人だったんです。

3 共産主義の崩壊が及ぼしたもの

では、共産主義の崩壊は、資本主義にどんな影響を与えたのか。

その前に、冷戦がなんだったかを考えてみましょう。経済的に考えると、二つの要素があるんです。

一つは、世界が二つのブロックに分かれてお互いに貿易ができなかった。商品が移動しない。労働力や資本も移動しない。どうして貿易がだめだったかというと、まず経済体制が違うために、商取引が成立しなかった。そして、朱に交われば赤くなるというわけで、倫理的道徳的にできなかった。わかりやすい言葉で言うと、かつての共産圏は一種の修道院なんですよ。修道院の目的は、崇高な何かのために、世俗の世界を離れて自分たちだけで閉じこもる。同じように、社会主義・共産主義のグループは閉じこもりをやった。革命戦争を起こして世界中を社会主義・共産主義にすることができなかったので、当分の間、閉じこもっていたんです。

もう一つは、冷戦といっても戦争ですから、軍備は増強しなくてはいけない。そこで膨大な軍事支出を行なった。

この二点とも、半世紀もの間変わることがなかった。半世紀も続くと当たり前のように思えてしまうんですが、実は当たり前じゃなかったんですね。

そうした中で、日本はどんな進路を歩んできたのか。一つには、アメリカと同盟を結ぶという選択をした。これは、日本が資本主義国である以上当然でしょう。だから、大部分の人びとは同盟に賛成したけれど、なかには賛成しなかった人もいた。社会党や共産党の人びとです。その結果彼らは資本家の支持はもちろん、農民や中小企業やサラリーマンの大部分の支持も集められないまま、反対勢力として残ることになったんです。これももとを正せば冷戦のせいですね。

そしてもう一つ、日本は軍備の支出が例外的に少なくてすんだ。冷戦下では、核兵器を集中的にコントロールしていないと、偶発戦争が起こってしまう。だから、核兵器はアメリカに集中させ、ほかの国は持たせないのが望ましい。日本は小さかったし、旧敵国だから、数のうちに入っていなかったんです。ところが、あにはからんや、日本はどんどん大きくなった。大きくなったけれど、日本を核武装させるわけにはいかないから、アメリカは放っておくしかなかった。ここで大きな矛盾が生まれて、冷戦下であれば本来負担すべき軍事費や世界秩序を維持するためのコストを、日本は払わなくてもいい。それどころか、そもそも誰が払っているのかさえもまったく考えないような習性ができてしまったんです。

＊

さて、冷戦が終わって、ポスト冷戦の時代になりました。これは冷戦時代の裏返しですから、世界中で貿易ができるようになった。軍備も必要なくなった。けれど、逆に民族紛争が噴出して、やっぱり軍備管理をしなければならない。いままではアメリカは自由主義国の大将になり、ソ連は東欧諸国を属国として、ある意味ではうまくまとまっていたんです。それがお互い相手がいなくなって、威張る理由がなくなり、バラバラになってしまった。軍備管理も緩んで、ウクライナの核兵器がどうの、ロシアには何発核弾頭があるの、旧ソ連あたりもごちゃごちゃしてるし、日本にもプルトニウムがある、北朝鮮には核兵器があるという具合で、大騒ぎになっている。これがポスト冷戦世界の特徴なんですね。もし北朝鮮が本当に核兵器を持っているとしたら、日本も核武装をせざるをえないのか。アメリカに対しても、核を持たなければ、バランスがとれなくなるのか。この問題はまだまだこれからも蒸し返されるでしょう。

貿易について言うと、貿易ができる場合とできない場合では、できるほうが双方の国にとって有利である、というのが経済学の定理です。たとえば一方に紅茶しか採れない国があり、一方には砂糖しか採れない国があったとして、この両国が冷戦で貿易できないとなると、もう片方の国は砂糖水ばかり飲み、もう片方の国はストレートティーばかり飲むことになる。それが、貿易ができるとなると、どちらの国でも普通の紅茶が飲めるようになるでしょう。世界全体で見れば、資源総量は同じでも、国民の満足度は貿易ができるようになったあとのほうが、ずっと上がっていく。これを「貿易の利益」と言いますが、貿易の利益によって世界中の満足度が上がる、というのが、ポスト冷戦時代にまず起こることですね。製品や原材料だけでなく、さらに、資本を移動し、技術を移動すれば、その国の生産量はぐっと上がって大きなプラスになる。たとえば中国に技術や資源がどんどん入っていけば、いままでよりも生産力が上がり、富が増えて生活が豊かになるだろう。それはそれでハッピーなことではあるんですが、一つの問題は「国際分業」が新しく組織され直すことなんです。

「国際分業」とは、どの国がどういう生産活動をするか、どういう産業を受け持つかということです。冷戦時代には、自由世界の中で日本が一番自動車を作るのがうまかった、テレビも一番うまかった、となれば、自動車もテレビも日本が一手に引き受ければよかった。けれど、世界中で貿易が自由にできるようになったいま、日本よりうまく作れる国が現れる可能性がある。実際に現れてきかかっているわけで、そうなれば、一部の産業は国際産業力を失って、破滅していくことになる。日本のどの産業がそうなるかはまだはっきりしていないけれど、どれかの産業は確実にそうなるんです。

で、いま、日本経済は戦々恐々としている。だめになる産業にみすみす投資なんてできませんから、みんな投資を控えた。これが不景気が長引いた本当の理由だと、私は思っています。どの産業が生き残るかわからなければ、労働者も雇えないし、資本も投下できない。みんながそう思えば、景気は落ちこむに決まっている。もちろん、みんながものを買わなくなったという理由もあるにはある。消費の冷えこみは流通に現れるから目立つけれど、本当の原因は投資なんです。投資が回復すれば、たちまち景気も回復する。

国際分業というのは、自分の国が相対的に有利な産業に特化するということなんです。その点、旧ソビエトはどうか。軍事産業はたくさんあるけれど、とうていアメリカには及ばない。しかも、今後軍備を増強する必要もない。シベリアに資源はあるけれど、カチンカチンで掘り出せない。というわけで、旧ソビエトに関しては、国際的な脅威になりません。逆に、中国は、まずなにより人的資源がある。旧ソビエトにも人的資源はあると言うかもしれないけれど、中国の人的資源は、旧ソビエトの人的資源と違って商品経済、市場経済に大変適合しているんです。旧ソビエトは適合していないからこそ需要と供給が崩れて、市場経済になってもみんな行列していたりするけれど、中国には行列なんてない。たまに行列していると、株券を買うのに深圳で五〇万人が行列を作ったとかね。これは、資本主義に適合していて、未知の商品や儲かるチャンスに、みんなが敏感だからなんです。そこで、生産力も順調に伸びているし、合弁企業などもできて技術や意見をどんどん受け入れる準備も進んでいる。しかも、中国の人的資源のコストは、どう見積もっても日本の十分の一くらいでしょう。これだったらどんな産業をやっても成功する確率が高いですね。

そんな中国に対して諸外国が投資を控えているのは、政治的な問題があるからです。鄧小平が死んだらどうなるんだという不安。アメリカには、冷戦で戦っていた相手だという面子もある。人権問題もあるしね。でも本音は、早く投資したくてしょうがない。

そうやって社会主義圏が自由経済の中に入ってきたことで、アメリカや諸外国は大きな影響を受けている。日本への余波も当然大きい。いままで以上に、国際競争は激しいものになるでしょう。アメリカは先端技術の開発に、今後もっと重点を移していくだろう。たいていの分野で世界一である科学技術をさらに推し進めて、次々に産業化・工業化していけばいい。いままでの日本は、アメリカが産業化した技術をいち早く盗んで、次の年に半分の値段で半分の大きさのものを売り出してきたわけだけど、これからは、その次の年に中国が、よく似たものを十分の一の値段で売り出すに違いない。日本はいままで、そうやって世界中の市場を手に入れていたけれど、今後はそうなる前に他の国にやられてしまって、工場その他の投資回収ができない可能性がある。自動車がそろそろ怪しくなっているでしょう。アメリカでも、円高のおかげもあって、日本車に太刀打ちできる自動車が出てきたけれど、中国の自動車は、まだ輸出していないだけで、ずっと安い。だから、本格的に彼らが市場に参入して国際競争が始まったら、日本の自動車の国際競争力はなくなるかもしれないんです。

本来資本主義が持っていた国際競争のメカニズムが、いよいよ全世界的なレヴェルで働き始めた。いままで垣根でへだてられ、潜在力を殺されていたところにパーッと日が当たるわけだから、タケノコかなにかのように一気に伸びてくるでしょう。それに対して相対的にしぼんでいくところもあって、新しいバランスがとれるまで、ここ一〇年から二〇年ぐらいはいろいろな波が来る。

日本と中国の関係もさらに変わっていくでしょう。ただ、アジアが一体になることに対して、アメリカやヨーロッパはかなり警戒するはずです。かつて日本が大東亜共栄圏でアジア全体を一つの経済ブロックにしようとしたとき、最後まで阻止しようとしたのはアメリカだった。幸か不幸か冷戦下で、日本と中国はしばらく別々の体制だったけれど、これからは地理的な近さもあって結びつきを強める可能性は十分にある。けれど、一体化することはないでしょうね。そうなるとアメリカと対立することになるが、それは日本にとっても中国にとっても賢明な道とは言えない。離れるわけにもいかないし、仲よくするわけにもいかない。仲の悪い兄弟のようにして、米・日・中はこれからもやっていくんじゃないですか。

日本が大国だという状況も、このまま続くはずはありません。むしろ、これまでがたまたまの偶然だったと考えたほうがいい。マラソンでも三〇キロ過ぎにトップが追い抜かれたりするでしょう。日本の場合も二五キロ地点から三〇キロ地点までたまたまトップグループでいい線行っていたというだけで、今後は予断を許さない。見かけはまだ第一グループにいても、もう足はもつれ始めている。第二グループからすごいのがいよいよピッチを上げてきている。それを察してビクビクしているというのが、今の日本なのです。

4 なぜ資本主義が生き残ったか

なぜ資本主義が生き残ったのか。

簡単に言うと、資本主義は人工的ではなく、自然な経済システムだからです。どこが自然かと言えば、資本主義が「分権的」だと言うこと。会社もどこの会社が成功するかは事前に決まっていなくて、努力した会社、運のいい会社が成功していく。個人も、誰が何をするかはめいめい自分で考えて、職業を選択し、会社を選び、その中で努力して、自分の進路を切り拓いていく。うまくいってもいかなくても、それでいいじゃないか。各人の自由なんだから、という考え方ですね。失業したり病気になったりした場合の備えも、命令一下社会全体でやるのではなく、それぞれ自発的努力によってやりなさい。たとえば「保険」という形で、自分の収入の中から積み立てておいて、運悪く災難に遭ったり病気になったりしたら、同じ保険に入った仲間に助けてもらう。あるいは「福祉」という形で税金を集め、必要な人に配ってあげる。こうしたいくつかのシステムさえあれば、基本的には自由にいきましょう、というわけですから、全体に無理がない。

逆に言えば、社会主義体制が倒れた理由は、それは不自然イコール集権的だからです。

誰がどこで何をやるのかが、すべて決められている。そして、そのためには誰かが計画しなければならないのだけれど、そんなことができるほど有能な〝誰か〟がいるはずがない。そうなると、不器用な決定を重ねていって、官僚主義国家になってしまったり、社会矛盾を引き起こしてしまうことになる。

ただ、そう言うと資本主義はたいへんハッピーに見えるけれど、実際はかなりギクシャクしながら進んでいるんです。このまま経済が拡大していって、みんなで富を分かち合って幸せになれるかというと、おそらくそうはならない。

理由はいくつかありますが、一つはアジアと西洋の文化的な違いです。中国が経済発展してくれれば、アジアグループ、黄色人種グループ、漢字文化圏グループの、世界GNPに占める割合が四割あまりに達する。古代・中世でも中国のGNPは世界の半分ぐらいを占めていましたが、そのころは中国のGNPがどんなに大きくても、ヨーロッパにはなんの影響もなかった。ところがいまは国際貿易の時代ですから、これは即彼らの地位低下を意味する。ここで、東西問題が新たに浮上してくるわけです。

南北問題もあります。これは南側の第三世界の国々と先進国の国々では、どんなに貿易をしても差が開く一方なんだ、出口なんかないんだ、という問題ですね。

そして、もう一つは地球環境問題で、前の東西問題と南北問題を一挙に解決するには技術開発による経済成長をさらにふくらませていけばいいんだけど、そうすると温室効果で気温が上がる、炭酸ガスがどうのこうの、環境破壊がとんでもなく進んでしまう。これでは、こちらを立てればあちらが立たず、あちらを立てればこちらが立たずです。

これらの問題が絡み合って、抜き差しならない対立になっていくんです。

*

南北問題と環境問題についてはずいぶんほかでも説明がされているので、ここでは東西問題について、もう少しお話ししてみます。

いま、やたらに「人権問題」ということが言われますが、それはなぜなのか。中国という国のモラルでは、人間と人間との関係ですべてが決まるんです。中国には神様がいない。いたことはいたんだけどとっくに退治されちゃってて、雲の上にいるのは天帝という人間だ。毛沢東も鄧小平も人間だしね。そして、人間と人間との関係は政治なんです。だから、中国では政治がすべてを決める。経済も政治に従属しているから、経済的自由が本当に実現したことはないし、実現しようにも国民の抵抗がある。政治がすべてに優先し、人が人に従属するのは「人権」の考え方と矛盾するんですが、これは一朝一夕には変わらない、中国の伝統文化なんです。

その点、アメリカはどうかと言うと、神と人間との関係ですべてが決まる。まあ実際には神の代わりに、原理原則や法律がものごとを決めていく。人間でないものが人間のあり方を決めるからこそ「人権」という考え方が成り立つんです。そして、その帰結として、政治と経済が分離する。政治は政治として動くから、完全な民主主義になる。経済は経済で動くから、完全な自由経済になる。こうして民主主義と資本主義経済のカップリングができあがる。

いままでの資本主義の経済は全部このシステムで、日本も一応はそれを真似していたんです。だけど、日本の政治と経済は、実は戦前も戦後も分離なんかしていない。日本というのは中国にやや近い部分がありますからね。けれど、そのところをうまく言いつくろって、アメリカと同じですよと言ってきたし、アメリカにもそう言わせてきた。実は違うんだということを自分では薄々わかっていたんだけど、日本流のやり方でごまかしてきたんです。

しかし、中国という国は、そういうごまかしはしない。「われわれのやり方はアメリカとは違う」とはっきり言う。それに、将来中国が資本主義市場経済になるとしても、その上に「中国的」というのがつくんです。そこでは「人権」と「デモクラシー」の組み合わせが、これまでとはちょっと違ったものになるかもしれない。具体的にはまだよくわかりませんが、少なくともアメリカと同じではないでしょう。それでいて、中国の作る自動車もアメリカの作る自動車も、同じレヴェルで競争する。アメリカが中国に内政干渉しきれないとすると、両者はまったく違う社会組織を背景にしたまま競争しなくてはならない。

政治のほうが経済より優位に立つ中国であれば、アメリカと競争になったときに、自動車工場労働者の賃金がちょっと高すぎるとの命令一下、賃金を下げてしまうなんてこともできなくはない。そうすれば、国際競争力はその瞬間に高くなる。アンフェアですが、こんなことも、実際には起こるかもしれない。

こうした問題は、中国に限らず、これからどんどん出てくるでしょう。民族問題というのは、そういう意味ではすべて価値観の違いですから。ただ、それぞれの民族が突飛な思想を持っていたり突飛な経済活動を営んでいたりしていても、世界経済を混乱させることはない。無視できないほどの影響力を持っているのは、人数の点からいっても中国だけです。インドの人たちは、商品経済は知っていても市場経済は知らないし、カースト制度が邪魔をして資本主義になりようがない。インドでは政治と経済はどうでもよくて、宗教が優位に立っている。ロシアは、もうしばらくへばっているだろう。

だから、新たな国際分業秩序の中でひさびさに出てきた強国が中国であり、このポスト冷戦時代における多文化・多民族社会の矛盾を一番深刻な形でアメリカに突きつけるのが中国だろう。中国のシステムはドメスティックなものだから、必ずしも世界性を持たない。中国が世界を支配することはないけれど、影響力を無視できなくなるのです。

冷戦のときには、すべての資本主義国はアメリカのヘゲモニーに従うしかなかった。それがイコール利益につながったんだけど、いまは共通の敵がいなくなってしまったでしょう。共通の敵がいないということは共通の目標もないということで、アメリカに従う理由は何もない。これから起きてくる資本主義国家同士の文化闘争は、日本の黒字なんてものじゃなく、とてつもなく大きな問題になる可能性があるのです。
資本主義は生き残ったけれど、生き残ると同時にさまざまな資本主義を生み出して、さまざまなタイプの資本主義相互の文化矛盾、経済矛盾をあらわにしてしまった。先の見えない状況の中にあって、この資本主義の混迷は、これからも大きな問題を人類に投げかけていくはずです。

（一九九四年初出）

企業と日本文化

欧米とはまったく違う近代化をたどる

日本は明治以降、急速に近代化を進めてここまでの繁栄を達成したわけだが、実は欧米社会とは非常に違った経過をたどったと考えられる。その近代化は、一九四五年を境にふたつの段階に大きく区分できる。

明治維新から一九四五年まで、近代化のテーマ、近代化の方法論はなんだったかというと、「国家は神聖なものである」、一口でこう言うことができる。普通の言い方に直すと、〝お上〟だ。

これがなぜそんなに変かというと、清教徒革命以後のイギリスでも、独立以来のアメリカでも、大革命以後のフランスでも、国家というのは徹頭徹尾、世俗的なもので、神や神聖なこと、宗教にかかわることはすべて教会が管理していた。政教分離なのだ。

ところが、日本は国家すらない状態から明治維新を断行しなければならなかった。非常に困った。そこで天皇という古いシンボルを担ぎ出し、国家というものが存在するんだ、日本というものが存在するんだ、それまでの藩とか幕府とか、地域ごとのまとまりなどはどうでもよくて、それより上位の、崇高な、神聖な国家というものがあるんだと、強力にアピールした。

こうした考えは大衆の間になかなか浸透しなかったが、結局教育がうまくいって、最後には天皇の名前のもとに特攻が行なわれたりするところまで行った。国家が個人に対して圧倒的に優位な存在となった。宗教、政治、経済などすべての機能を国家が吸収・独占してしまうという状況に至った。これは、欧米社会にはまったくみられなかった、日本独自の近代化のあり方である。

その後、敗戦を境に、日本は国家が神聖な、宗教性を帯びた存在であることを禁じられてしまった。国家が神聖であるのは当たり前とわれわれは思っていたが、国家は世俗のものだから宗教的であってはならないとアメリカに言われてしまった。政教分離を押し付けられたのだ。

ここから、日本の近代化の第二幕が始まった。国家が宗教的な対象であってはいけないのなら、企業だ。企業に個々人の全身全霊を捧げよう、ということになった。折から財閥解体が行なわれて、日本の古典資本主義は官僚統制資本主義、日本株式会社に変質した。

東大などを卒業した大量のマルクス主義者がレッドパージ*の隙をついて経営者になり、企業は従業員（労働者）のものであるなどと言い始めた。こうしてこんどは、企業が国家に代わって神聖なものとなっていった。

▼レッドパージ　共産党員やその同調者を職場、とくに公職から追放すること。日本では昭和二五年（一九五〇）、ＧＨＱの勧告で言論関係者・公務員などに多数の追放者が出た。

といっても、誰が見ても、企業は世俗的な組織だから、神聖なものになるといっても限度がある。それでも、国家が神聖なものでなくなった以上、企業にすがって近代化を進めなければならない。また、日本は経済に特化して、政治や軍事からは手を引くんだという国民的コンセンサスもあった。それで企業が戦後の主役となっていったわけだが、企業は競争しているようにみえて実は政府にコントロールされているので（それが日本株式会社という意味だが）、そういう意味では神聖なものになりうる。たとえば、エネルギー転換などは通産省（現・経済産業省）が主導してやる。日本の国民の福祉のためだとか、名目はいくらでもつくわけで、実は企業の利潤追求であっても、単に利潤追求をしてはいけないというのが日本の企業社会の特徴なのだ。

適応能力のなさを露呈した日本株式会社

こうしたシステムのもと高度成長を達成し、一九八九年までできたとしよう。八九年から後、九〇年代に起こった変化は、この体制の限界が露呈したということだ。国家の理念は、企業組織を競争させ、協調させて経済大国になろうということだから、政治や軍事など普通の国が持っている国家目標に関してはまったく無方針、あるいはまったくアメリカに依存していた。そこで冷戦が終わってしまえば、これでいいのかということが、たちまち露呈してくる。最初の試練は湾岸戦争だった。次は円高・ドル安。さらに、ダメ押しとして、阪神・淡路大震災やオウム事件などの危機管理の問題も浮上したが、日本株式会社はこうした新しい状況を前にしてまったく適応能力がないことが明らかになった。

一方、経済面では、バブル崩壊後にデフレが起こって、企業の収益環境はきびしさを増し、過剰人員を整理しなければならない状況に至った。ということはすなわち、個々の従業員に対して企業が、全身全霊を捧げ、一生を捧げても悔いのない対象であると思わせることがもはや無理になったということだ。となれば当然、国家も変質し、企業も変質し、個々人の企業に対する考え方や思想、哲学、生き方も変質していかなければならない。こうしたことがすでに始まっている。いま日本は流動化している。

流動化の象徴的な例としては、たとえば外国人がたくさん増えてきて日本の国際化が進んでいるが、そのぶん世の中はギスギスしてピストルの発砲事件が多くなっている。エイズもそうかもしれない。ボートピープル*もそうかもしれない。要するに、いままで内側で共同体を誇っていればよかったものが、そこから自分がはじき出されるという強い危機感が生まれ、その危機感を自分で直視するのが恐いために、その危機感を外部に投射して、「外部から異物が入ってきて日本株式会社が壊されようとしている」というマスイメージができ上がっているのだ。

▼ボートピープル boat people ベトナムやカンボジアなどから、ボートや小型の舟で国外に脱出してきた難民。

九〇年代に入って起こった変化を挙げてみると、まず政治の方面では自民党一党永久政権の崩壊と、それから小選挙区制への移行（二大政党制への最初の一歩）が起こった。

経済の方面での変化の歩みは遅々としているが、つまるところ規制緩和、およびアメリカとの関係の再調整である。これまではアメリカが自由化をリードし、日本に自由化を迫るというパターンだったが、いまは局面が変わって、APEC*で日本が主に自由化をやり、外国にそれを倣《なら》わせるという役割の重点の移動が起こっている。

▼APEC Asia-Pacific Economic Cooperation Conference の略 アジア・太平洋経済

協力会議。環太平洋地域の貿易振興や投資、技術移転など多国間経済協力の推進が目的。一九八九年、オーストラリアの提唱で発足。

日本の企業は独自の利害で外国に生産基地を移し、日本国内は空洞化が進んでいる。それでも、膨大な貿易黒字が存在するので、なんとかこれを減らすために、さらに市場を開いて、APECの自由化のタイムキーパーになって、自由化を推し進めるようにと言われている。これこそ、GATT*(ガット)ウルグアイ・ラウンドでWTO*が発足し、関税引き下げで最大の恩恵を受けるといわれている日本が具体的に与えられた最初の宿題だ。これをうまくやり通せてはじめて、一〇年か二〇年前にイコール・パートナーなどと言っていた手形がやっと落ちることになるわけだ。

▼**GATT** General Agreement on Tariffs and Trade の略。関税および貿易に関する一般協定。一九四七年ジュネーブで調印された、関税上の差別待遇をなくすための国際協定。日本は昭和三〇年(一九五五)加盟。一九九五年、世界貿易機構(WTO)に吸収される。

▼**WTO** World Trade Organization の略。世界貿易機構。GATTウルグアイ・ラウンドの提言を受け、一九九五年に発足。

また、それとは別途に、日米安保条約再定義*の問題がある。沖縄*で不幸な事件が起こったので急に表面化したきたが、考えてみればこれだけ世界の情勢が変化したのに、日米安保条約だけが十年一日のごとく延長を続けていけばいいという考え方がおかしかったわけで、それらの宿題を全部さぼって、議論しないで、アメリカにおんぶにだっこしようとしてもそうはいかないということである。

▼**日米安全保障条約**　日本とアメリカの軍事的関係を規定した条約。旧条約は昭和二六年（一九五一）サンフランシスコ講和条約とともに調印。現行条約は同三五年（一九六〇）に調印・発効し、日本および極東の平和と安全に脅威が生じたときの事前協議や武力攻撃に対する共通の対処行動などを規定している。日米安保。

▼**沖縄で不幸な事件**　一九九五年九月に沖縄本島で起きた少女暴行事件をさす。米海兵隊員三人が小学生の少女一人を拉致暴行したという、計画的かつ非道な事件に、沖縄県民の怒りが爆発、県民総決起大会を開催してアメリカと日本政府に激しく抗議した。当時の大田昌秀知事は、国の機関事務である米軍用地強制使用手続きの代理署名を拒否し、職務執行命令訴訟を提起した日本政府と沖縄は裁判闘争に突入した。翌九六年九月にはこの問題をめぐってわが国初の県民投票も実施された。同種の不幸な事件は、沖縄でその後も繰り返し起こっている。

こうした動きが九〇年代に入り、ますます目立つようになっている。しかし、国内の議論はあまりそれにきちんと対応できていない。これが、誰がみても大変に困った日本の現状だ。そして、これからもさらに流動化が進んでいくだろう。

個人プレーを排除する日本文化の脆弱性

日本は組織を神聖なものとし、個人を組織に従属させるという文化を育ててきたわけだが、こうした日本文化の脆弱性のツケがいろいろな分野に回ってきているのではないだろうか。

たとえば、コンピュータ関係をみてみると、まず最初に大型汎用機が入ってきて、次にパソコンの普及期（ダウンサイジング）を迎えた。パソコンというのはほとんど組立産業だから、本来日本の独壇場のはずだ。ところが、組立産業とはいえ、パソコンにはソフトを載せなければならない。組立産業の優位をパソコンの世界で主張しようとしても、結局はソフトの相性が問題であって、日本はソフト開発力はそれほど強くなかった。

なぜだろうか。その理由は、日本の企業体制にあると思う。日本の企業体制は、会社が主導して研究チームをつくり、個々人がそれぞれのパートを受け持って、それを再度全体で組み立てると、自動車なりコンピュータなりができる。製造のプロセスもラインにしたがって組み立てているが、実は研究開発の組織や責任体制もそれとまったく同型に構築されている。組織のタテ割り構造と、部品の内部構造がパラレルなのだ。この体制では、チームプレーが大原則だから、個人プレーは排除される。

ところが、ソフトの場合は、基本思想が大切なので、個人プレーを奨励し、たくさんのよいアイデアを競わせたうえで一番いいアイデアを残していくという組織原理を持ったところで、一番いいソフトができる。まさにそれがアメリカだ。

理工系大学の卒業生は、日本ではまず大企業の研究所に入ろうとするが、アメリカならまず成績のいい人はベンチャー・ビジネスを起こしてひと儲けしてやろうと思う。独立心が非常に強い。

日米がこれだけ大きく異なるのは、科学技術がどうやって社会に還元されていくかという根本の考え方が全然違うからだ。米国では、一人ひとりの科学者が起業家でありうる。社会に対するはっきりとしたスタンスを持っていて、社会と自分との間に会社を入れなくても構わない。会社を間に挟むのは、むしろ便宜的な手段であって、能力のある人は直接社会に対して自分のアイデアや技術を還元していこうと考えている。一方、日本の場合、会社に保護されていないととても危険だという感覚が先にたち、自分ひとりで社会と直面するという気概のある科学者は育たない。

これは科学技術の例だが、同じことが政治や外交や文化についても言える。とにかく、組織を神聖なものとし、個人を組織に従属させるという文化を持っている限り、これからパソコンとか、インターネットとか、個々人の才能や技量が直接ほかの人間と結びついて競争にさらされていくという状況になった場合、間に立っている組織の壁はますます薄くなり、ますます競争力を失っていく。

近代化に適応しすぎたビジネスマン

日本文化の脆弱性のツケが回ってきている例をもうひとつ挙げよう。東アジアで影が薄くなっている日本の総合商社だ。

中国に投下されている外国資本の半分以上、おそらく七〜八割は、華僑絡みである。このエリアでは華人社会の交渉力、パワーというものが台頭してきている。なぜか？ それは進出先である中国と、ビジネスを仲介する、あるいは投資する側の香港、台湾のビジネスマンたちの行動様式がよく似ているからだ。

よく似ているということは、そこにひとつの文化なり、ポリシーがあり、なぜ投資をしなければならないか、なぜ事業を起こさなければならないかということに関する同志的関係、信頼関係があるということだ。

ところが、日本の商社にはそれがない。日本の商社の場合、サラリーマンがビジネスをする主たる理由は会社のため。そして、会社には顔がない。華僑の場合、オーナー会社が非常に多い。どこの従業員でも、ビジネスをするのは会社のためかもしれないが、華僑のビジネスマンはオーナーの代理人であるという資格でふるまい、そしてオーナーは顔を持っている。華人社会であれば、誰それと知り合いである、誰それに話をつけた、誰それがウンといったので大丈夫だといった事実のほうが、細かな法手続き的な積み上げよりもはるかに大きくものを言う。日本の総合商社には、それができない。

もっと引いた目で見れば、日本人は限定付きでしか商売をしていない。商売をしている人は、任期が終われば国に帰る。ビジネスはするが、利益は本国に送る。子供は現地の学校に通わせる場合もあるが、受験になれば国に帰る。そこに骨を埋める気のある人なんか誰もいない。一方、華人は実際何世代もそこに住んでいて、現地の人になり切っている。

このことを考えてみると、要するに、自分は日本人であると信じているところからきている。明治以来国家が神聖なものであり、個人はそれに奉仕せよ、というイデオロギーがいまもわれわれを支配し、呪縛し、商社そのものをも支配している。企業、それから日本というものを間に入れないと、自分の行動が決まらないのである。それを取っ払ったのちに自分とアジアがどう付き合えるか、自分とビジネスがどういう関係にあるかがなかなか明確に言えない。もちろん、日本人にもそういうことが言えるタイプの人もいることはいるが、日本人全体からみれば、ごく少数派だ。

科学者、ビジネスマン。彼らの行動様式があまりに日本近代に適応したために、次の局面を切り開けない。これが九〇年代に入り、日本が混乱しているひとつの大きな原因だ。

求められるプロフェッショナルな生き方

今後も混乱は深まるばかりだろう。もっとも、混乱というのは、従来の行動パターンを持っている人にとっての混乱であって、そうでない人にとっては混乱の時ほどチャンスである。

たとえば、野茂☆の活躍を考えてみるとよい。野茂の活躍についてはいろいろな解釈ができるが、まず近鉄球団という企業、日本という国籍を間に入れてみよう。彼は結果的には日本という看板を背負いつつも、それを無視したところから始めた。彼は近鉄はもちろん、日本も振り抜けて、自分と野球というものの関係だけで動いた。自分にとって野球が大事であり、野球があれば自分の能力を最大限発揮できる。ではその場所はどこか。メジャーリーグだ。こういう順序で考えていったわけだ。そして行動し、成功した。これはさきほどの混乱した日本人とは、反対のイメージだ。野茂がヒーローになりえたという点に、一筋の希望がある。

自分の技量を極めて、プロフェッショナルとして生きる。組織への帰属や国籍とは関係ない。——こういうタイプの人間には、非常に大きなチャンスが訪れてくる。

企業側から考えてみると、企業に対する忠誠心はあるが変化に適応できない人を年功序列で五人も一〇人も雇っておくよりも、野茂タイプの人を年俸制で三人くらい契約しておいたほうが、ずっと企業のパフォーマンスは上がる。こう考える業界が少しずつ増えていくとしたら、新しい形態で雇われる人は、従来日本の企業から締め出されていたわけで、そこに大きなチャンスが開かれるといえる。女性にとってもしかり。日本語がうまくて有能な外国人にとってもしかり。

APECでは、この先一〇年、二〇年を見越して、域内を一律の自由市場にしようとしている。どこまでやれば自由市場になるのかといえば、最低限書類の書式や会計のシステムは統一しなければならない。つまり、日本の法人会計とか、雇用形態とか、契約の仕方とか、伝票などがすべてアジア統一基準にならなければならないということだ。

こんなことはすぐにはできない。一番簡単な方法は、各国の人を一人ずつ経理にも、総務にも、人事にも雇うことだ。そうしないと、各国の事情がわからないので、標準化のしようがない。日本がもしAPECを主導していくつもりがあるのなら、APEC加盟各国の相当数の人を日本企業は本社採用しなければならない。こういうことをした会社から発展していくだろう。逆に言えば、こういう発想ができない会社は淘汰され、滅んでいく。

とにかく、変化すること。変わらないと、いまの時代にはついていけないのだ。

（一九九六年初出）

人間にとって生活とは何か

1　生活とはなんぞや

日本が生活大国になるのかどうか。この問題を考えるために、順序としてまず、生活とはなんなのかという問題を片づけておきましょう。

人間は誰でも生きている。寝たり起きたり、働いたりものを食ったりしている。これが生活にほかなりませんから、何もあらためて「生活とはなんぞや？」と考えこまなくてもよいはずです。

けれども人間には、頭がありますから、たまにはものを考える。オレはこういうふうに生きているけれども、これでいいのかなあと、反省する。反省までいかなくても、自分の生活を見つめなおしたりする。そういう殊勝な動物が人間です。

しかも、それでおしまいということはありません。たいていの場合、自分の生活をちょっと変えてみようとする。もしかしたら、もう少しうまいやり方があるんじゃないか。そう思って、自分の日常をチェックする。そうやって、あるべき自分の生き方みたいなものを思い描きながら、自分の生活を見つめなおすっていうことを、人間は大昔からずーっとやってきたんじゃないか。

そんなふうに、よりよい自分の生き方、あるべき自分の人生みたいなものを考えながら、自分の日常を見つめなおしていく——こういう往復運動のなかで、「生活」という言葉が意味をもっているのだと思うわけです。

すると、「生活」とは、ただ生きている、生存しているというレヴェルではなくて、生きる意味とか幸福の実感とか、家族や友人とのよりよい関係とかいったプラス・アルファの要素を必ず含むことになる。それが生活という言葉の意味です。

＊

では、この生活（特にその、プラス・アルファの部分）は、どういう内部構造を持っているのか？　この点を考えてみると、歴史を通して、だいたい三つぐらいの要素でできあがっていると言えます。

まずひとつは「家族」。人間を再生産していくのに、どうしても必要なのが家族です。それから二番目に「労働」。人間の生命を維持していくため、食糧とか住宅とか衣服とか、それ以外のいろいろこまごましたものとかを作り出すのに、そうした営みが必要だった。これが人類の歴史というものです。

家族と労働、この二つはどちらも必要な要素なんですが、それ以外に、必ずしも必要とは言えない第三番目の部分がある。これを仮に、「社会」とよぶことにします。みんなが生きていくうえで、よりよい生活の仕方をするためのものである。社会といっても中身はいろいろで、軍事とか、宗教とか、国家とか、それから芸術も入れてよいでしょう。要するに、家族でも労働でもないそのほかのものはみんな、社会とよんでしまうことにします。

さて、この三つの関係は、なかなか複雑になっていまして、渾然一体となっている場合もあれば、けっこうばらばらに分離している場合もある。いわゆる未開社会では、渾然一体となっていますから、生活とは何かを反省しようと思っても、それはむずかしい。それに対してわれわれの社会は、生活の諸要素が、機能分化してばらばらになっている。「家族」「労働」「社会」の領域が別々に、目にみえるかたちになっているわけです。そこで、昔はひとかたまりの生活だったものが、いまは「家族」を中心にした自分の生活、私生活というものがあり、残りは自分の生活じゃない。こういうイメージになりがちであります。

もう少し、そこを詳しく言うと、労働（言い方を変えれば生産）の部分は、企業というかたちで組織化されてしまった。そして、原則的には企業に参加することによって、生産活動を営むしかない。家族は、生産と無縁の場になった。機能分化の遅れた部分——農業とか、ジジババ・ストアとか、いろいろなところではまだ家族・即・生産ですけれど、ふつうにイメージすれば、お父さん、お母さんが外へ出て働く、すなわち企業で労働するということになってくるわけです。

＊

三番目の「社会」も国家というかたちで、やっぱり完全に組織化されてしまった。ふつうの人は、ただ税金を払っているだけです。それに対して、みんなのことを考える専門家がいて、水害が起こらないようにとか、敵が攻めてこないようにとか、貧乏人が困らないようにとか、そういうことを一生懸命考えている。それが仕事なんです。そのおかげで、普通の生活のなかから、そういうみんなのことを考えるという要素はどんどんなくなってしまった。税金をどうやって払おうか、ということさえ考えていればいい、みたいになっちゃった。

国家のほかには、たとえば学校の存在が、とても大きい。学校は、世代間の文化の継承ということをしているんだけれども、その大部分がマニュアル化されてしまっていて、教科書があり、試験があって、全部他人まかせ。親から子供へ、伝えるべきものなんてあまりない。こういうふうに機能分化した結果、家族は孤立したばらばらな、私生活をする単位になってしまって、その外側に企業とか国家とか学校とかがある、という配置になりま

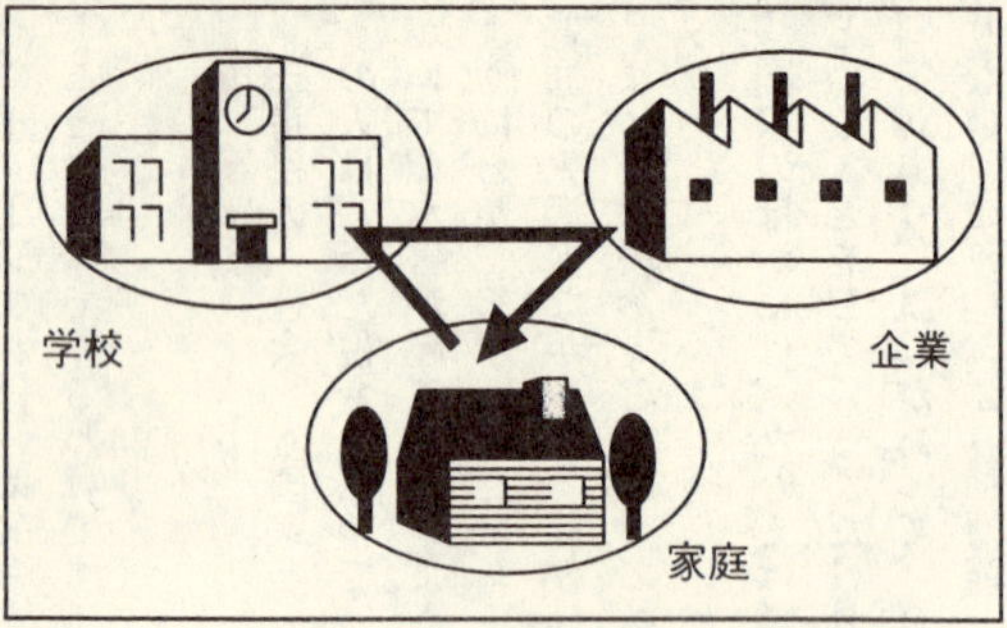

した（上図）。

そこで生活は、こんなイメージになります。人間は、おぎゃあと生まれてから、とりあえずは家族のなかにいますが、そのあとまず学校に行き、たいていの人はそのあと企業に移り、それでよぼよぼになってから、また家族に戻ってくる。毎日の生活も、この三角形のなかを行ったり来たり、一生を通じても、この三角形のなかを行ったり来たり。それが生活、ということになってしまった。

＊

生活をイメージするとは、本来、社会全体をイメージすることと重なりあうはずなんです。でも、社会全体をイメージするのはあんまり複雑なので、いきおい生活と言うと、私生活、家庭生活を中心に反省する、ということにならざるをえない。ところが、そんなふうに反省しても不毛で、いくら考えてみても、改善の余地があんまりなかったりする。そこで、生活のことを考えるのをよそうっていう、逃避の傾向もあるみたいに思う。

企業や学校は、家庭と違う。その特徴は、管理社会——人間と人間の関係が合理化され、機能的なものになっていて、一面化されてしまっている、という点にあります。だから楽しくないわけです。でも、合理的で機能的であるからこそ、家庭生活に豊かな配当をもたらしている。

社会（企業とか国家とか学校とか）から、家庭への配当は何かと言うと、二種類あります。まず第一に「所得」である。その所得を使って、こんどは商品（行政サーヴィス、教育サーヴィス）を買い取る。所得がまずどんと家庭に与えられ、そのあとさまざまな商品が与えられる、こういう配当があるから、家庭はワンパターン化しているけれど、まあいいやとみんな思うんですね。いくら考えてみても、ほかにやり方もない。生活をイメージすると、社会全体とは関係ない、家庭における消費生活をイメージしてしまう——これが、現在のわれわれの生活の構造なわけです。

2 時間の組織

さて、生活を、家族／労働／社会という領域にわけて考えてみたわけですが、今度は別な角度——時間／空間から考えてみます。

生活には、時間／空間の両面があります。時間というのは、文字どおり時間のこと。空間というのは、人間関係のことだと考えてください。

企業とか国家とか学校とかは、人びとの私生活（家庭）がないと成り立たない。で、人びとはそこから、時間をかけてえっちらおっちらとやって来る。企業は、いまの社会では王様みたいに威張っていますから、そこにかなりの時間を取られる。特に、一番使いでのあるおいしい時間をほとんど取られてしまうわけです。だから、家庭に残されている時間は、その残りかすみたいなところばかりだというわけで、それが、私生活が充実しないひとつの原因になっている。

こういう時間構造ができあがった由来を、少しさかのぼってみます。

もともと、時間がこういうふうに、二つの局面にわかれるという現象はなかった。狩猟や採集のような、単純な物質生活を営んでいた社会では、自然のリズムと同調するように時間が流れていた。自然には自然の循環があります。昼があれば、夜がある。夏があれば、冬がある。雨季があれば乾季がある。いろいろな自然のリズムがあって、人間もそれに合わせて動く。なにごとをするにも、それにふさわしい「時」がある。そのときどきに、それに合わせて行動していればいいのであって、社会に独特なリズムをわざわざ別に作り出す必要がなかった。

ところが、農業が始まってから、これが次第に分離してくるわけです。

農業はもともと自然を利用したものだから、自然のリズムとまったく矛盾することはできない。けれども、農業は、自然を破壊するという一面ももっている。木を切り倒して、雑草の一種である穀物の種をまく。自然生態系の遷移で言うと、その一番最初の段階（山火事の直後）が、太陽がじゃんじゃん当たって作物の成長率がいい。このあと、雑草のあいだから木が生えてくるんだけど、木が生えてくるまえにもう一度元の状態に戻して、また始めからやる。ずっと最初の状態に保っておく。要するに、人間が自然に介入しているわけですが、刈り入れとか種蒔きとかをする。これは、人間が計画的にすることだから、かけ声をかけてセーノというふうに作業する。こうして、農事暦とか、共同作業の規律とか、そういうルールがいっぱい出来てくる。労働は、勝手にやるわけにはいかず、社会的なルールに従って行なうものであるということがはっきりしてくる。

＊

この、農業社会がどれだけ進歩しているかによって、時間の観念に違いが出てくる。

たとえば、階級分化があまり起こっていなくて、みんな仲間で共同作業で農業をやっているような段階だったら、労働する人びとも、自分たちは共同体だという自覚をもつことができた。そうすると、そこに生まれる時間のリズムは、一種のお祭りみたいなものになります。働くときは忙しいですから、なんにも余裕がない。それこそ一生懸命働く。でも、それが一段落するわけでしょう。すると、休息する。あるいは、それまでできなかったことをいろいろやって楽しんで、お祭りになる。お祭りのときには余裕がありますから、さっき言った、生活を見つめなおすみたいなことだっていろいろやる。おもしろいものを見てもいいし、おいしいものを食べてもいいし、ボーイフレンドやガールフレンドで集まってわいわい騒いでもいいわけです。

ところが、もうちょっと過酷な農耕社会もある。極端に言うと、奴隷制になってしまった社会です。奴隷制になると、お祭りの要素なんか、ほとんどなくなってしまう。奴隷の持ち主にしてみれば、奴隷を働かせれば働かせるほど利益になるわけだから、お祭りなんかなくていい。穀物なんかは、遠方の市場で売りさばいて貨幣収入になるわけだから、もともとの共同体の必要をこえて生産しなければならない。農業が、利潤を目的とした産業になってしまう。

こうなると、生活を振りかえるゆとりもなくて、ひどいことになってしまうのですが、そこで生まれたのが「一週間」という考え方です。これは、マックス・ウェーバー☆という偉い社会学者が言っていることなんですけれども、どうしてユダヤ人たちの神さまであるヤーウェが七日目ごとに休めと命令したかというと、農場の奴隷やロバを骨休めさせるためなんです。ほかの神さまは、そんなこと言ってくれませんでしたから、奴隷たちは来る日も来る日も働かなければならなかった。メソポタミアの近辺は乾燥地帯で、雨なんかめったに降りませんから、ほっとけばいくらでも働かされちゃう。それをヤーウェが、七日目ごとに休むように命令してくれたおかげで、休めるようになった。この規定は、簡単に言うと、貧民救済法の一種なんです。奴隷を働かせすぎないで、資本の損耗を避けるという意味からも合理的だ。あの辺りは一二進法が主流で、それをどうして七日目ごとに休むことに決めたのか不思議だけれど、まあとにかくこうして、一週間という考え方ができた。一週間を単位に生活のリズムを刻むやり方は、ユダヤ教徒からキリスト教徒やイスラム教徒にも受け継がれて世界中に広まり、宗教に関係ないわれわれ日本人も採用している。だから、当たり前みたいに思ってますけど、もともとはそういうことなんです。

ここで重要なのは、労働が苦役だという考え方が基本になっている点。平日の六日間をふうふういって働く。そうすると、やっと週末になって、疲れた身体を休めることができる。本来の自分に帰れるわけです。労働はいやいややっているわけだから、働いている自分は本当の自分ではない。週末になったら、教会に行って神と向かいあう。人生の意味を考える。家族や友人と楽しく過ごす。そして、つぎの一週間も働けるような、生き返ったような感じを味わう。

こういうリズムは、お祭りのリズムと少し違うでしょう。季節やなにかとも関係なく、きっちり七日ごとに回転する。とても労働合理的な考え方だ。月の回転に合わせた「ひと月」というのは、たいていの暦にありますが、一週間というのは、ぎりぎりまで労働を搾取されてしまうという厳しい状態を経験した世界の人びとだけが編み出した工夫なわけです。

＊

さて、産業革命と近代化をひき起こしたのはキリスト教徒ですから、工場はやっぱりどこかで、こういう古代の苦役労働とつながっている。宗教的な色あいを残している。毎日職場に働きにきてもらうけれど、その代わり、週末はおまえらの時間だからね、というやり方だ。

カール・マルクス☆は、資本家の工場で働く労働者を見て気の毒に思い、「プロレタリア」とよびました。

プロレタリアの話をちょっとすると、これは、古代ローマの奴隷の一種らしいのです。奴隷にもいくつか階級があって、プロレタリアは下から二番目。最低ランクの奴隷は、使い捨てで、結婚もできない。ガレー船の船底とか鉱山の地下道とかに押し込められて、ろくな食糧も与えられない。死んだら終わり。こういう奴隷は、たしかに安上がりだけれど、つぎつぎ新しい奴隷の補給がないと成り立ちません。安い奴隷がいくらでも手に入るのなら、このやり方でいいですが、奴隷の補給が途絶えがちになると、奴隷も値上がりするので、手持ちの奴隷の再生産を考えなければならない。そうすると、奴隷が死ぬのと同じ数だけ生まれてもらわないと困る。そこで、奴隷に結婚することをゆるす。これが、下から二番目の奴隷、プロレタリアだ。

プロレタリアは、「鉄鎖以外に何も失うものがない」ことになっていますが、それは言葉のあやで、ほんとは家族があるんです。でも家族を営むことが許されているのは、奴隷の幸せのためではなく、安価に奴隷を再生産するためにすぎませんから、もう生活は最低水準。掘っ立て小屋に住み、食べ物もかつかつ、教育なんか受けられるわけもない。そういう妻子のある労働者が、プロレタリアなのです。

マルクスが工場労働者をプロレタリアとよんだのは、資本家が賃金を払うやり方が、それと同じだと思ったから。資本家は、利潤を追求するから、ほんとはもっと賃金を切り下げたい。でも、最低生活水準より切り下げてしまうと、労働者の家族が崩壊し、生活できなくなってしまうから元も子もない。労働者が減れば、労働市場が逼迫《ひっぱく》して、労賃が高くなりますからね。そこで、最低生活水準だけはどうにか保障しよう、という考え方が出てくる。

マルクスはさらに分析を進めて、「労働日」ということを言い出した。労働者は資本家と契約して、一日一一時間ぐらい工場で働くわけですが、本当なら一一時間全部の賃金が労働者に支払われるべきである。しかし、資本家が支払うのは、そのうち労働者の最低生活に必要な部分、たとえば五時間分にすぎない。残りの六時間は、不払い労働で、資本家のポケットに入ってしまうわけです。これはずるい。どうしてそういうことが可能になるのかを、マルクスは『資本論』で詳しく分析した。

この労働日の考え方は、たしかに、非常にリアリティを持っていたわけです。

資本主義と言えば、機械制大工場を思い浮かべればいいけれど、その典型がおそらくテーラーシステムでしょう。フォードの自動車工場みたいな、ベルトコンベヤーのシステムです。ここでは、その昔の自然のサイクルに代わって、工場の時間のサイクルが主役を占める。たとえば溶鉱炉だったら、一度火を入れたらずーっとあったためておいたほうがいいから、簡単に休めない。二四時間労働になる。でも、人間は寝なくちゃいけないから、どうしても二交替、三交替になる。昔の紡績工場もそうで、外国から買ってきた機械設備を夜ねかせておいたんじゃあ、とても外国と太刀打ちできないから、稼働率をあげるため、やっぱり昼夜二交替、三交替で働かせる。要するに、機械の都合に人間のほうを合わせるんです。

トヨタのやっているジャスト・イン・タイムってのがありますが、あれも機械の都合に人間を合わせている点は同じだ。やっぱり、労働は資本に比べて、安いんです。だから、人間のほうが資本に合わせて、ジャスト・イン・タイムで機械にはりつかなきゃいけない。

よく考えてみれば、労働者を毎日始業時間に工場に通わせるというシステムも、ジャスト・イン・タイムそのものである。労働者はなまものですから、工場に置いといたのでは、いたんでしまう。そこで家庭に戻して、ジャスト・イン・タイムで工場にやってこさせる。そのかわりに、労働力市場の相場で賃金を支払う。この構造は、いまも昔もちっとも変わっていない。

変わった点と言えば、労働者の所得が、最低賃金ではなくて、だんだん上昇してきたことです。マルクスの予想では、資本主義経済のもとでは、資本家が資本を蓄積するだけで、労働者は最低賃金のままどん底の生活を続けることになっていた。古典資本主義は、たしかにそれに近かったけれども、そのあと労働者の所得も目に見えて増えていきましたから、それにつれて労働者の不満もおさまってきた。家も掘っ立て小屋よりはまし。子供に教育も受けさせられる。自分だってゴルフとかマージャンとか競馬とか、いろいろ適当に楽しめる。そういう意味で、マルクスの予想は外れてしまった。

でも、時間の面に限って言えば、やっぱり問題は片づいていません。相変わらず、一週間のリズムがあり、自分の労働時間は企業が決めて自分の自由にならない。生活のうち、一番大事な部分は、企業に押さえられちゃっているわけです。家庭と企業と学校と、こうしたエリアのあいだを右往左往しているだけで、自分の生活をどう組織したらいいかわからないという感覚、この感覚は変わっていない。これがもっと昔の、職人の時代には自分が時間を支配しているという感覚があったのです。だけど賃労働、工場労働の時代になってから、この感覚はなくなった。いくら高給取りのサラリーマンにしたって、やっぱりそうなんです。所得の点から言えば、奴隷とは言えないだろうけれども、時間の点からすれば、奴隷制の延長と言えなくもない。

3 人間の組織

ところで、人間というのは、生まれた段階でどんな人間になるのか、決まっているわけではない。設計図なしです。人間は、とても柔軟なため、自分が何者なのかわからないのです。これは、いくつになっても、おそらく死ぬまでそうでしょう。

しかし、横から観察していると、人間はとてもパターン化されている。毎日おなじ時間に起きあがって、おなじことばっかりして、ほとんど進歩がない。そういうもうひとつの面がある。

これはどういうことかと言うと、やっぱり教育の賜物、習慣の賜物なのです。ブラウン管にも、〝焼きつき〟という現象がありますが、本来はなんでも映るはずが、あまり同じものばかり映し出していると、それがこびりついてしまうんです。それと同じことが、人間にもある。人間は、本来自由なんだけど、同じことばかり、決まりきったパターンを繰り返していると、自分に対するイメージ喚起力が下がってきちゃって、他人が思うとおりの人間、他人が指示するとおりの人間にすぎないのではないかと、自分でも思いこむようになる。これも、焼きつきの一種でしょう。

どうしてそんな焼きつきが起こるかというと、人間の環境があまりにコントロールされていて、ワンパターンだからです。まず、子供の頃の学校。人間はもともと、予測不可能な生き物で、いろんな人間と出会うチャンスがあるはずですが、学年がおんなじ人間ばかり集めてしまう。住んでいるところもおなじ、着ているものもおなじ、下手をすると偏差値や親の所得もおなじだったりして、ちょっと違うといじめられたりする。そういう環境に置かれたのでは、いくら教科書ですばらしいものを読んでもだめだ。

じゃあ、学校を出たら少しはましになるかというと、同じようなことが実は企業にも、家庭にも言える。

企業は、なんと言っても品質管理の世界で、生産性を上げるにはどうしても、人間の行動のパターンをコントロールせざるをえない。だから、焼きつきがとても起こりやすい。これを避けるのはとてもむずかしい。

じゃあ、家庭はどうか。最近は核家族になって、人間関係が単純になりました。家事もマニュアル化され、家事サーヴィスの商品化も進んでいる。お父さんは、家に寄りつかない。お母さんの役割はいろいろあるはずですが、これもパターン化されてしまっていて、そんなに自由の余地がない。いくらハッピーでバラ色で、と家庭のことを粉飾しても、とてもそんなものではないわけです。子供のほうでも、そんなことはわかっている。そうなると、ここでも焼きつきが起こる。

＊

人間というのは、焼きつきを起こす動物である。だとしたならば、そこから自分を再発見するために、別な環境、別な条件下に自分を置きなおす必要があるのです。

そうすると、企業と家庭の往復ではいけない。企業でも家庭でもない、第三のエリアが必要になってくる。そこでは、企業や家庭といった、自分のバックグラウンドを剝ぎ落として、いろんな年代、いろんな背景を持った人びとと出会う。それができるかどうかが、生活の豊かさを再発見できるかどうかの、重大なポイントだと思う。

ではそのエリアとは、どんな場所なのか。いろいろに考えられます。外国の言い方で言うと、コミュニティ。とにかくこれは、自分の自由、選択性がいちばん高いエリアなんです。アメリカみたいな社会をイメージしてみると、コミュニティにもいろんなレヴェルがあって、大学なんかもひとつのコミュニティです。知識の生産と再生産のためのコミュニティ。知識を享受できるための、いちばん選りすぐられたコミュニティ。大学が、もう町そのものになっているわけです。知識に関心をもつ、多くの人びとの出会いの場所として、大学町というものがある。

あとアメリカには、いろんなボランティア団体がある。これは、自分が何をしたいかという意志から出発する、採算を度外視した人びとの集まりだ。ここには、採算や効率性の制約といったものがない。だから、自分の意にそまない人間関係を作る必要もないわけです。

ボランティアのほかに、宗教団体みたいなものもそう。芸術みたいなのもそうだし、生涯教育もそう。それから、政治です。政党の活動もそうしたものである。どういう階層の人間であるかと関係なしに、一人一票の原則にもとづいて、コンセンサス（その社会のマジョリティ）を形成するために、誰とでもディスカッションを重ね、議論を組み立てていく。そういう自由な空間を、政治は約束する。

＊

企業でも家庭でもなくて、そこに収まりきらない人間の可能性を最大限にふくらませる場所、それが第三エリアである。ここに、企業からも家族からも人間が出ていって、新しい出会いのかたちをつくる。人間関係をつくる。そういうことができるように、経済的な裏づけと時間的な裏づけを与えるというのが、いま生活を充実させるため、決定的に大事なことではないだろうか。

4　日本は生活大国になれるか

最後に、日本は生活大国になれるのかどうかを考えてみよう。

結論はあとで言うことにして、政府が昨今落ち目の消費社会とバブルの崩壊を見てなんと言ったかというと、いまさら労働者に所得倍増を約束してもしょうがないので、「生活」だと言った。やっぱり労働者、民衆に希望を与えないといけませんから、生活大国になりましょうね、と言ったのです。

これには、ふたつのポイントがあって、ひとつは年収の五年分で住宅が購入できる。もうひとつは、労働時間短縮で、余暇の時間が多くなる。こういうことのようです。方針としては、外れていると言えないけれど、やっぱりちょっと違うのではないか。

まず最初の、五年分の年収で家が買えるという発想ですが、たしかに多くのサラリーマンはそれを望んでいるだろう。都会にやってきて、大学新卒で入社して、係長かなにかある程度の年齢になって、女房子供もいてという人が、五年分の年収で家が買えるのなら、三五歳ぐらいでローンを組んで、子供が大きくなるころには家があってちょうどいいなという発想なのです。家があって、一人前。でもよく考えると、これは農村の発想だ。農村では、農村共同体があって、田畑を持っていないとだめ。自分の家があって、一人前と言われる。その共同体のメンバーになるためには、その住んでる場所に持ち家がないとだめだっていう発想だ。それを都会にそのままあてはめている。

持ち家に反対する気はないですが、どうしてそういう発想になるかというと、それは、企業が共同体の一種だと理解されてるからじゃないでしょうか。共同体であるからには、当然従業員に、持ち家が持てるくらいの給料を払わなければならない。

でもそれは、東京に持ち家が買えるくらいのスペースがあるという前提で、話が進んでいるわけです。けれど、どう考えても、こんな東京みたいなごみごみしたところに、都心から一時間やそこらの場所に庭つき一戸建てなんか無理だ。そういう時代は何十年も前に、とっくに終わっている。東京はもう別な原理で動いているのに、企業はまだ共同体みたいな観念をもっていて、従業員のほうでもどこかでそれを期待しているふしがある。持ち家がだめなら、せめて社宅をなんとかしてほしいとか、厚生施設を充実してほしいとか、そういうことを考えてしまう。でも、企業が社宅や何かの名目で、住宅を取得することを認めると、目ぼしい土地はどんどん企業の手に渡ってしまい、持ち家はますますサラリーマンの手の届かないものになるのです。

本当は、その共同体の考え方が、サラリーマンの働きすぎとか、年功序列とか、会社人間とか、コミットメントのしすぎを生み出してしまっていて、かえって生活を貧しくしているんです。年収の五倍で持ち家を、なんて言われるとついその気になりますが、どうもそれは、企業のよき伝統を守っていこうというにおいがする。それだと、かえって企業での人間関係の焼きつきがひどくなってしまって、自分をますます会社人間としかとらえられなくなってしまうのではないか。

みんなが持ち家を持とうとするから、かえって東京の地価がつりあがる。発想を変えて、最初からきちんとした集合住宅を作っていれば、並みの家賃で都心に住めていたはずなんです。

＊

むしろ企業は、共同体的な運営を、徐々にやめていったほうがいい。

たとえば、企業はいま、週五日なら週五日、従業員を会社に縛りつけて、ずっと同じ役柄をやらせているでしょう。営業畑のなんとかさんだったら、営業第何課長を週五日やってる。それを、私の提案ですけども、そういう人は週三日それをやるだけにして、残りの二日は、別の人事のセクションに行ったり、別の会社で働いたりする。要するに、いままでみたいな仕事のやり方を、週三日までにすることを原則にするのです。いまだと、能力のない人でも年功序列で部長の順番になったりして、困るでしょう。だったら、三日だけ部長で、あとは全然別なところでヒラとか、そういうふうにする。そうすると、焼きつきがほどけます。ずーっと部長だったら、もう「身分」ですけど、木曜〜金曜は別の人になっちゃえば、身分でなくて職能だっていうことがはっきりする。そうすると、共同体でなくなる感じがします。

私の職場である大学には、パートタイムの人が大勢いるので、そんなことも考えてみたのですが、テンプ・スタッフとか、ハーフ・スタッフとか、ジョブ・ローテーションのような仕組みは、組織の効率的な運用と両立すると思うのです。

もうひとつ。こんどは人間を主軸にして言いますと、やはり転職とか、キャリア・アップを考えていかなきゃいけない。大学でも、これから毎年学生が減っていくというので、あせっています。下手をすると、大学がからっぽになる。じゃあ、社会人を入れるしかない。その昔、大学に行くことを断念して就職して、その後キャリア・アップしたり転職したりする機会はないかと思っている人は山のようにいるわけで、そういう人たちを大学で受け入れられれば、どちらも助かる。

でも、いまは企業のバックアップがないので、大学に来ようと思ったら、それこそ決死の覚悟で給料も投げ出して、将来の不安も妻子も抱えて飛び込んでくるしかない。大変なハンディです。そういう垣根を、やはりなるべく小さくしないといけない。

企業から大学に行って、また企業に戻る。途中から、政府に移ってもいいし、どう動いたっていいわけですが、そういうパイプをあちこちに通じさせておかないと、こういうやり方はなりたたない。機会が開かれていて、意思と能力があれば、男女を問わず自分の道を進んでいくことができる。そうありたいものです。
　こういうルートがいく通りも開けていれば、たとえ毎日の時間が企業に占められていたって、個々人のキャリア全体を通してみたときに、何をいつやるか自分で決めていること
になるでしょう。同じ会社にいたら、昇進やローテーションは、やっぱり社内事情や上司
との関係で決まってしまうから、自分の意思通りにはならない。それを自分の手に取り戻
そうと思ったら、やっぱり企業から企業へ、動いていくしかない。

住宅の問題に、これを当てはめてみると、ライフ・ステージのどの段階で、どの場所で
どれくらいの大きさの部屋に住みたいのか、この希望が生涯にわたってかなえられると保
障されれば、なにも持ち家にこだわる必要は全然ない、という考え方になります。A社に
いた時には、A社のそばに通勤に便利な家を借り、家族構成が変われば今度は別の場所に
行き、それから郊外に行ったり、退職したら農村に住んだりすればいい。住宅も、質が高
くて家賃のそれほど高くない賃貸用のものがあれば、五年分の年収で持ち家が持てる、と
いう政策をとる必要は全然ない。

持ち家どうこうという計画は、垣根で囲まれた家庭をどんどん増やし、「岸辺のアルバ
ム」*みたいな問題を抱えた家族を、郊外の新開地に量産するわけで、決して第三のエリア
を拡げることにはならない。それに、ある程度都心に住んでいないと、芝居を見るにもど
こに通うにも、不便で困るでしょう。生活大国とは、今みたいな企業大国ではだめなんで

す。

▼岸辺のアルバム　山田太一脚本によるＴＢＳドラマ。核家族の家庭を舞台に、家族崩壊という都市型社会がかかえる問題をリアルにドラマ化した。

＊

そして二番目。時短の問題です。

労働時間の短縮も、それ自体、悪いことじゃない。それは、週末が増えるってことですから。だけど問題はもはや、労働日と週末の比率の問題ではないんです。比率を越えた、時間の支配権の問題。労働日の支配権も、労働者が取り戻すべきだし、労働と余暇が渾然一体となっているのが、やはり理想だ。

こういう理想を実現しているのが、芸術家です。芸術家は、余暇のなかに労働があり、労働のなかに解放がある。苦役としての労働をしてないから、週末なんか必要ない。もちろんそれなりのプレッシャーもあるでしょうが、みんな身になるものです。

もちろん、すべての労働が芸術になるわけにはいきません。いくら、芸術化産業とか言ってもね。でも、見習えるところはある。

芸術と、工業製品の違いはどこかというと、工業製品には機能に対する期待があって、それは、みんなが同じことを期待するということなんです。歯ブラシは歯が磨ける、ラジオはひねると音が出る、……。そういうパターン化した期待に応えなければならない。いっぽう芸術はそうではなくて、その人の個性、意外性、独自性に対する期待なんです。だから、一個一個の作品がかけがえないものである。ある人が才能とか天分とかいった自分本来の可能性を失わないで、そのままほかの人に承認されてお金がもらえて生活が成り立つ、そこが工業製品と芸術品の違いです。

すべてが芸術品になることは不可能です。だけど、工業製品のなかでも、芸術の要素をどんどん増やしていくことは可能なんです。それは、第三のエリアでやればいい。

たとえば、音楽を考えてみる。もし商品化のことだけを考えれば、世界一ピアノを弾くのがうまい人のレコード作って、それを世界中で売る、というのが合理的です。けれど、もしも生で聴くという要素を考えに入れると、世界で一番うまい人の演奏をすべての人が生で聴くわけにはいきませんから、二番目の人や、三番目の人や、……百番目の人や、町内で一番うまい人で我慢せざるをえない。そうすると、町内でいちばんうまい人は芸術家のはしくれになれるわけです。

第三のエリアで、人間と人間とのじかの触れあいを重視すれば、町内の思想家、町内の芸術家、町内の哲学者、町内の教育者が出てくる。まあ、町内の教育者は、塾があるから比較的それに近いかたちだけれど、とにかくそういう、人間関係に基礎を置いた活動が新しい重みと輝きを持ちはじめる。政治や教育はもともと、人間関係に基礎を置いていますから、そういうちいさな第三のエリアでの活動が大事になってくる。それ以外のものだって、そうしていけるものはなるべくそうしていったらいいんです。

そうすると、誰だって、コミュニティのなかでは自分のやりたいことをやって、しかも社会的な承認がえられる。お金を使って遊びに行く余暇じゃなくて、時間を使って本当にやりたいことをやる。それが実現してこそ、生活大国というものでしょう。

（一九九三年初出）

ベンチタイム・コラム

一〇〇年マンションで都市再生を

日本は狭い。そして山が多い。おまけに人口は一億二〇〇〇万人。いきおい、平地といわず山腹といわず、びっしり民家が建ち並ぶことになる。子供の頃からこうした景色を見慣れていると、これが当たり前になってしまう。

外国に、ここまでごみごみした街並みはめずらしい。第三世界の大都市のスラムは別である。先進国には都市計画というものがあり、だれがどこに住むかが事前に線引きされていて、秩序ある都市の景観を保っている。しかも誰もが、日本よりずっと安く、ずっと快適な住宅で暮らすことができる。

このギャップは何だろう? 日本の国土が狭いからか? そうではなさそうだ。狭ければなおのこと土地を有効利用しなければならないのに、庭付き一戸建てとか日照権とかいった時代錯誤の観念が生き残っていて、効率の悪さに輪をかけている。東京都民がゆったり住むのに、集合住宅を建てれば土地は山手線の内側だけで十分という試算もあるのに、二三区→市部→三多摩と、地衣類のようにびっしり低層の個人住宅が拡がっている。これでは遠・高・狭は必定、サラリーマンは自分で自分の首を締めているのだ。

日本には、都市文明の伝統がない。ヨーロッパも、中近東も、インドも中国も、都市国家の時代を経過した。文明とは都市国家のことである。頑丈な城壁に囲まれた空間は、安全な生活を享受できる憩いの場であるとともに、高価なコストがかかった公共の場であった。都市の土地は、天然のものではない。「私有」するなんてとんでもない。都市の土地利用に、公共の制約が加わるのは当然なのだ。

ところが日本には、都市国家なんてなかった。城壁の材料がないわけではない。石がなければ煉瓦を焼いてでも城壁をつくるのが、都市国家である。平城京も、平安京も、中国の本物を真似したことになっているが、周りは土塀。一〇年もすれば台風で崩れてしまう。外敵がいないのだから、城壁なんて造るだけムダである。となると、都市と農村の区別がつきにくい。いやそもそも、日本の都市は図体が大きいだけで、本質的には農村と変わらないのだ。それでも江戸時代には、鍛冶《かじ》町だの紺屋《こうや》町だの、都市計画めいたものがないわけではなかったが、江戸が東京になった途端に、大名屋敷跡にはペンペン草が生え、それから無秩序な建築ラッシュが始まって、都市が公共のものであるという感覚は消しとんでしまった。

バブル経済がはじけたおかげで、地上げも収まり、地価もひと頃の半分以下になった。それでもなお七〇平米クラスのマンションが、年収の五倍でも買えない。これを政治の無策と言わずに何と言おう。先進国が聞いてあきれる。

「一〇〇年マンション法」制定を

土地問題は、旧住人である地主、ローンで土地を買った人、ただの間借り人……の利害が複雑に入り組んでいて、簡単に解けない。無理をすれば（たとえば土地公有などを強行すると）、誰かにしわ寄せが行く。現行制度のもとで、すでに権利をえている人の利害をそこなわないようにするには、時間をかける必要がある。

では何をすればいいか。目標は、都市に生活するすべての人びとに、快適な住居を提供すること。都心に近く、緑が豊かで、いまの三倍くらいの広さがある住居。それには土地の利用効率のよい、集合住宅をたくさん建てることだ。いまの日本に、それぐらいの経済力はある。建設コストがかさむ分は、耐用年数をいまの三倍以上にしてカヴァーしよう。すなわち「一〇〇年マンション」である。

いまの住宅は、三〇年も経たないうちにとり壊されるぺらぺらの建築だ。核家族にあわせた設計なので、子供が育ったあとは空き部屋になって無駄である。こんなものを一代限りでつぎつぎ建て替えるより、半永久的な建物をこしらえよう。一〇〇年経つあいだに技術も進歩して、時代遅れになるといけないので、電線や配管は取り替えやすいように、縁の下を這わせておく。構造部分を鉄とコンクリートで一〇〇年もつように造るわけだが、天井を高くして、縁の下もつくる。通風がよくて、日本の気候にはぴったりだ。

さて、まず三〇年後をめどに、都市計画をつくる。都市計画とは要するに、土地の利用を制限することだ。現状にはとらわれないで、ここは道路、ここは図書館……と線引きをする。残りの土地は、適当な大きさのブロック（一丁目の区画ぐらい）に区切り、一〇〇年マンション建設候補地とする。ロの字型かコの字型に十階前後の建物を建てて、ひと棟に数千人が住む計算だ。ブロックごとに、住民の過半数（たとえば三分の二）が賛成したところから、順次マンションの建設を始める。建設に反対の住民にも補償は一切しないで、ほかの住民と同様、出来上がったマンションの権利（所有権ないし居住権）を割り当てるだけにする。だいぶ先の話なら、最近家を建てたばかりの人もまあいいやと思えるので、ブロック住民のコンセンサスを得やすくなる。住民の意見がまとまらず出遅れた候補地は、マンションを建設しないで、緑地にすることに決めておく（その場合、住民は、よそのマンションの権利の割り当てを受ける）。

この都市計画は、東京圏や大阪圏のような人口密集地域を対象にする。国会で法律を制定し、それにもとづいて各自治体が計画を作成する。そのとたんに地価はじりじり下がりはじめ、三〇年後にはタダみたいになる。建設コストを考えてみよう。現在でも、すべての住居はほぼ三〇年ごとに建て替えられている。しかも、計画が発表されれば、マンション予定地で新規の着工はストップする。つまり、ロスはあまり生じない。土地取得のコストがゼロなので(つまり、土地所有者が自分でマンションを建てるかたちになるので)、費用は建設コストだけ。一〇階建てを建てれば、建設コストはかかるけれど、床面積もうんと増えるから、半分程度を売りに出すか賃貸できるはず。住宅金融公庫みたいな「一〇〇年マンション・ローン」で十分まかなえるはずだ。

これだけあるメリット

経済効果はどうか。景気を刺戟するのは確実だ。しかも、同じ鉄とコンクリートでも、道路をつくる公共事業とは違う。まず、住居がぐんとひろくなるのだから、耐久消費財など消費需要の拡大がみこめる。通勤時間が短くなるから、生産性も上がる。夕食を食べてから映画や音楽会にも行けるだろう。これらはみな、消費を拡大する。しかも道路と違い、集合住宅は、子や孫の代まで残るわれわれ国民の財産である。本格的な高齢化社会を迎えたあとでは、税金や医療費や保険料の支払いに追われ、住居にまで資金が回らない。まだ余裕のあるいまのうちに、長い目でみて資源の節約になる一〇〇年マンションを建てておくべきなのだ。

要は政治の問題だ。政治家が、コスト・メリットをしっかり専門家に研究させ、国民の利益になると確信できたら、この法案を提出する。計画がスタートすれば、さっそく一〇〇年マンションがあちこちに建ちはじめる。三〇年後には、東京も大阪も、見違えるように居住性の高い都会に一変しているだろう。

過疎は恐るるに足らず

東京圏や大阪圏はこれでいいとして、ほかの地域はどうなる? 郊外は、無秩序なスプロールが止まって、むしろ少しずつ住宅が減っていく。家賃も安くなるから、一時的に、低所得者や老人世帯が増えるかもしれない。そして都市近郊の緑地帯に、戻っていくはずだ。地方都市は、同じやり方で都市計画を立ててもいい。ただし、土地利用効率をそんなに高める必要がないので、集合住宅は五、六階建てでよいだろう。

農村はどうなる? 都市の居住性が高まれば、そして住宅供給が増え家賃が下がれば、都市に移り住む人間がますます増えるだろう。過疎を通り越して、無人となり放棄される集落も出てこよう。田畑のなかには荒れるにまかせるところも出てくる。どうする？

無理に過疎をくい止めなくていい、と私は考える。過疎地域は老人が多くて若者が少ないが、これは一時的な現象だ。もうしばらくすると、もっと人数が減る。農地の地価は、限りなく安くなる。平坦な水田や田畑が残っていて、機械化した大規模農業で採算がとれるところは、そうすればよい。それが無理なところは、自然に戻せばいい。もともと日本の山野は、人間の手も加わらぬ照葉樹林が鬱蒼《うつそう》と生い茂っていた。山間部や傾斜地は、幹線道路を残して、一〇〇年をかけてそんな自然に戻してやればいい。農村には農村の、国土利用計画があっていいのである。

農業ばかりが産業ではない。一〇〇年マンションの住人たちに、安価なセカンド・ハウスを提供するのもいい。一〇〇年マンションの建設組合と、農村とが契約して、都会の人びとが農村で、貸し別荘よりも格安で逗留できるようにする。長期滞在型のバカンスにもよし、小学生のサマーキャンプや農村留学にもよし。過疎が進んでこそ、そういう産業が成立できる。過疎恐るべからず、である。

（一九九六年初出）

講座3

日本の、これから

日本のかたちを、どのように構想するか

1　社会のかたちとは、どのようなものか

社会構造——社会現象のうち、相対的に変化しない部分

次の一〇〇年、日本がどういう「かたち」になるのか、またどういう「かたち」がよいのか。

「かたち」という考え方を社会学の用語では、「社会構造（social structure）」と言いかえてもいいのではないかと思います。

「社会構造」とは何か。社会は人間がいて、お互いに行為をして、いろいろなことをしているわけです。そして社会はつねに変化しているのですが、社会のそうした現象の中で、相対的に変化しにくい部分を「社会構造」と呼ぶことになっています。

相対的に変化しにくいものにはいろいろあります。たとえば、制度とか、組織とか、法

律とか、文化とか道徳とか、そういうものは相対的に変化しにくい。それに比べて、所得とか、流行とか、情報とかは変化が激しい。メンバーなどしょっちゅう変化している。相対的に変化しにくいと言っても程度の問題で、長い間には変化していくわけなんですが、相対的に変化しにくい部分がその社会の特色をつくっていると考えられます。日本は日本の、外国の社会には外国の社会の特色、すなわち「かたち」、「社会構造」があるのではないかと思います。

社会構造をもっと具体的に考えましょう。行動がつねに変化しているのに対して、そのパターンのほうは一定しているんです。人間が入れ替わっても、行動の種類が変わっても、そのパターンはある程度一定している。この行動のパターンのことを、人類学では「文化」といいます。文化にもいろいろありますが、それが洗練され、制度化されると、法とか宗教とか組織とか国家とかになっていくわけです。そういうものを広い意味で、すべて「社会構造」と呼ぶことにしているわけです。

文化としての社会構造

そういうふうに「かたち」を捉えると、つぎに文化というレヴェルと、制度というレヴェルがあるのではないか。

文化（culture）はどんな社会にも必ずあるもので、たとえば、素朴でナイーブな未開社会の文化というのもあります。しかし制度（institution）となりますと、かなりはっきり人為的に制定されているものですから、いわゆる文明国にあるものを指す。素朴なものを文化、それが発展したものを制度というふうに言えるのではないでしょうか。

文化として社会構造を見る場合、どんな社会にも必ずあって、その社会の根底を形づくるものに注目すべきです。これは、人類学がいろいろ研究しています。代表的なものは親族構造（kinship structure）で、多くの社会は父系社会で、父親の系統をたどるわけです。中国社会とかヨーロッパ社会などが父系社会です。イスラム圏の社会もかなり父系社会が多い。それに対して、数は少ないのですが、母系社会もあります。そして、太平洋海域の島々、日本もそうであると言われていますが、父系、母系のどちらをたどってもよいというシステムの社会もあります。父系社会が母系社会になったり、母系社会が父系社会になったり、ということは、滅多にと言ってもいいかもしれませんが、ありません。たとえば、日本が双系社会として出発したとすると、どんなに社会が発展してきても、この特徴はどこかに残っているわけです。おそらくわれわれの社会が欧米社会と違うとすれば、こういうレヴェルにも根拠があるかもしれません。

そういうわけで、いろいろな社会、いろいろな文化があるんですが、問題は、その文化が変わるかどうかという点だと思います。

文化はあまり変化しないのですが、絶対に変わらないわけではありません。二種類の変わり方があると思います。ひとつは文化変容（acculturation）。高級文化などの非常に強力な文化がある社会に入ってきますと、その影響を受けて、ある社会の文化が変質してしまいます。文化変容とは、わかりやすく言うと、いままで純朴だった社会に、コカ・コーラやアルコールなどが入ってきて、若者はジーンズをはき、大人は酒浸りになってしまう。イヌイットの社会などは実際ごちゃごちゃになっているわけですが、ああいうものを文化変容といい、あまりいい意味では使いません。文化の接触にともなって、いわば、外部の雑音が入ってきて、文化が別のものになってしまうという現象です。

もうひとつの変わり方は、文化が発展成長して別のレヴェルのものになる場合です。たとえば、古代が典型的ですが、もともと農耕を営むか営まないかというレヴェルのさまざまな民族文化が、農耕の適作地を求め、平原領域に出て来た。黄河文明とかメソポタミアの大河流域であるとか、さまざまなところで民族の融合衝突が起こります。そこでそれぞれの文化が、次の段階に発展していくわけです。いろいろなことがきっかけになりますが、文字が発明されたり、民族を超える法律ができて民族間の紛争を調停したり、ひとつの宗教を産み出して民族を超越することを試みたり、商業を産み出して分業のシステムを構成したり、大きな軍隊をつくって、いくつかの地域を併合していく、そして安定した秩序をこしらえ帝国を形づくったりする。これが、古代で起こったことです。

これは文化の域を脱した、文明（civilization）という新しい社会構造をこしらえたという意味ではないか。文化から文明への移りゆきの中では、単純にあるひとつの文化だけを持っている共同体が壊され、それらが重なり合っていろいろと融合していくわけです。たとえば中国に、朝貢というシステムがありました。これは、中央の文化が十分に及んでいない単純な社会が周辺にあり、その王様がおみやげを持って中央政府に挨拶に行く。中央政府の方は、世界中からそういうものが来るので、お返しをするというやり方です。高級文化を持っている帝国の中心は、朝貢を受け付けるというのが古代のシステムです。

中世や現代も、基本的にこの古代のシステムの延長上にできあがっていると考えられますので、いろいろな点で古代の特徴を現代も曳きずっていると思われます。たとえば宗教は、だいたい千年か二千年以上前にできたものがいまでも使われているわけで、そういう特徴をいまに残しています。法律などもそうであり、私たちの社会では古代の法はあまり影響はないんですが、ローマ法などは現在でもかなり有効性を持っている。かたちを変えて、現代にも流れ込んでいるんです。

制度としての社会構造

こうして、文明レヴェルになって、制度としての「社会構造」が出てきた。制度は、文化と、どういう点が違うか。制度は意識的自覚的な努力であり、自分たちの社会にかたちを与えようという主体的努力の産物です。それにはまず、自分たちの文化を記述するということが必要です。私たちはこういうルールを持っている、こういうふうに社会を運営すべきである、ということを、歴史家や文学者が出てきて、文字で記述する。伝承があればそれらを照合して、共通のテキストにする。各民族についてそういうものが記述されたら、それらを統一する、標準化する努力が起こるんです。文字であればそれを統一する。神々であればそれを統一したひとつのストーリーにまとめなければならない。わが国でいえば、記紀、万葉がだいたいそういうレヴェルに当たるのかも知れません。

そしてつぎに、それを普及させていく。すべての人びとがある制度を採用するように、努力します。しばしばこれは戦争、軍事的征服という形をとりますが、その本質はやはり文化的な運動であると思います。最近よくデファクト・スタンダード*ということを言いますが、文化と文化が接触した場合には、いわば社会のグレーゾーン——システムは違うわけですから、どちらを採用するか——をめぐって軋轢《あつれき》が起こるわけです。結局のところ、いち早く普遍化の戦略をもって他民族の上にその文化を押し拡げていったものが勝利をしめる、という考え方が古代にできていると思うんです。古代では、そういう文化戦略のための部品装置として、宗教がある場合もあります。法律がある場合もあります。宗教と法はしばしばくっついて一体となっています。そして、法律と統治機構、軍や政府も一体となっています。そういうものが、人びとを共通フォーマットにしたがわせるという目的——平和を実現すると考えてもいいですし、文明化すると考えてもいいんですが——でいろいろ運動します。

▼デファクト・スタンダード de facto-standard　かつてビデオの規格でＶＨＳとベータが競争してＶＨＳが標準となったように、ある商品が雪だるま式にシェアを増やして、その分野の統一規格となること。

知識としての社会構造

知識とは、人為的に、自分たちの社会制度、社会構造はどういうものかということを、情報として書き留めようというものです。ひとりの頭の中に入る状態にしてしまおうということです。制度が文化に対してメタレヴェルに立つとすると、知識は制度に対してさらにもう一回メタレヴェルに立つという、より間接的な関係になります。ここで知識とは、文化や制度を記述し、情報化し、そして洗練して、ひとつのエレガントなかたちにするという作業です。この作業のレヴェルがまさに知識のレヴェルです。それらを知識のかたちにすると、ほかの人間を教育したり啓発したりすることができ、制度を新たに形成しようという大きなインパクトを生む可能性もある。

そういうふうに知識を駆使して、制度に働きかけることを、思想と考えることができるのではないかと思います。制度、つまり人為的な社会のかたちのあるべき姿を考えるというのが、思想の目的ではないでしょうか。制度は人為的なものですから、こうであってもよいし、ああであってもよいわけです。つまり選択の余地があるわけです。選択の余地があるのであれば、そのうちでもっともふさわしいと考えられるものを採用すればよいのではないでしょうか。そして、いったん採用された制度であっても、不断にそれを検討し、よりよいものはないかと考えていく。これが知識の役割ではないでしょうか。

2　日本のかたちはどのようにつくられたか

以上のような基礎的な社会構造、社会のかたちを、日本にあてはめて考えてみます。われわれは日本の社会制度を一体どのようにして選び取ってきたのか、どのようにして現在の社会のかたちができあがってきたのか、を考えてみます。まず日本の流れを見てみますが、ここでは文化人類学でいう、中心／周縁（周辺）という考え方で整理してみました。

まず日本は、中心になったことが一度もない国です。そして文化的に、文明の中心を外れた周縁地域として出発しました。周辺地域として出発した場合どうなるかというと、なんとかして中心に追いつきたい、なんとかして中心の良いものを取り入れたいという態度になるわけです。これが最初の時期（周辺地域としての出発）です。そして周辺なりに、ある成熟を迎えるということを千年ぐらいかけてやっていくわけです。そしてもう一回、周辺として出発する。これは明治維新なわけですが、こういうサイクルがあって、いまそのサイクルを脱しつつあるのではないかと思います。

周辺地域としての出発

周辺地域として出発するとは、もともとの文化と、外国の文明とが衝突する状態が、国内で生じるということです。もともとの文化は、基層に横たわる、縄文*。これも外から入ってきたものかも知れませんが、いわば土着の文明である。そして農耕、米作を学んで弥生*が始まります。縄文と弥生の関係はよくわからないんですが、そんなに矛盾するようなものではなくて、緩やかな連続とも考えられるらしいので、一応これをそれまでの基層のレヴェルであると考えます。

▼**縄文時代** 後氷期における日本の石器時代。ほぼ一万二〇〇〇年前から紀元前四世紀ごろまで。

▼**弥生時代** 縄文時代につぎ古墳時代へつづく、紀元前三世紀ころまでの時代。

するとそこに隋・唐帝国から、中国風の統一国家の輝かしい文明が流入してきます。その骨格になるのが儒教と仏教であったのではないか。儒学と仏法、と当時は言ったと思いますが、そういうひとつの文化的コンプレックスが入ってきました。日本はそれを、たとえば行政、法律、制度では律令制度、宗教のかたちでは仏教、それから文字、そして建築、科学技術、医学、そういうさまざまな文明の成果として受け容れたわけです。

しかし何でもかんでも受け容れたというわけではなく、受け容れたくない部分は巧妙に受け容れていないのです。仏教についても、受け容れるかどうか、たいへん論争がありました。物部氏*のように受け容れないという選択もあったんですが、それは日本の固有信仰と仏教が違った考え方でできているので、こういうものを持ち込んだ場合、日本の神々がどうなるのかとても心配されたからです。そこはなかなかうまく解決され、結局仏教が導入されました。

▼**物部氏**（もののべし）大和朝廷の有力氏族。軍事関係を担当し、大伴氏とともに代々大連（おおむらじ）に就任。仏教受容問題で受容派の蘇我氏と対立し、物部守屋が蘇我馬子らと戦って敗退。

日本に入らなかったものにもうひとつ、これはしばしば言われることですが、宦官*の制度があります。トルコから中国まで大陸の父系社会では、必ず宦官の制度がありました。どうしてかというと、王朝の正統性を証明するためには、皇太子が、必ず父親の血筋を継いでいなければならないのですが、これを証明するのはたいへんです。そこで奥さんを高い塀で囲まれた後宮というところに閉じ込めて、そこへは絶対に他の男性が出入りできないようにして証明するわけです。これは王朝の正統性のためにどうしても必要なことで、北京の故宮などもこのあいだまでそうだった。そうすると女性ばかり何百人もいるという場所ができてしまうので、男性が全く出入りしないのも具合が悪い。そこで、男性であって男性でない人間をつくって出入りさせればいいわけですから、宦官というものができあがる。父系社会が王朝をこしらえるとこういう論理になります。しかし日本は父系ではありませんし、万世一系といっても、どういう系統になっているかという証明論がほとんど問題にならなかったので、一切そういう必要がなかった。

▼宦官（かんがん）　去勢された男子で宮廷に仕えた者。中国のほかオリエント、ローマ、イスラム諸国にみられ、後宮の監督や宮中の雑役に任じた。中国では、天子の側近にあって政治に関与、権力を握ることが多かった。

中国の文明はお互いに連関しているどの部品、パーツも切り離すことができないんですが、日本に入ってくるときは都合よく、いくつかの部分が取り除かれてしまうという選択の仕方になりました。

韓国の場合はなかなかそうはいかなくて、科挙などを取り入れています。やはり陸続きだからなのでしょう。日本の場合は島国フィルタとでも言うべきでしょうが、ちょうど適切な間隔で離れていて、軍隊を送ることはできない、人間が移住することもなかなかむずかしい、相対的に孤立しています。しかし、たいへんな努力をすれば、ごく一部の人は行き来することができる。つまり、文化は伝わってくる。移住や侵略にさらされるほどの脅威は受けないが、文化的影響を受けないほど遠いわけではない、ということが周辺地域としての初期条件です。中国周辺をほかにも見てみますと、チベットとかモンゴルとかベトナムとかいろいろあるんですが、日本のように適切な距離にいるというところはなかなかないような気がします。

周辺地域としての成熟

日本は、文化的影響を受けると、そのうちに、影響を受け容れ続けることをストップしてしまうという傾向があります。いわゆる国風文化の時代になるわけです。ここで文化の日本的変容が始まります。一般の人びとは、中国文化の影響など、はじめは全然関係ないわけですが、基層の部分、圧倒的多数の人々が持っている土着の文化と、受け容れた表層の中国文明とが長い時間をかけて結びついて発酵してゆくというプロセスが、ここで始まるわけです。それが日本の中世封建制です。

封建制とは非常に不思議なもので、日本とヨーロッパにしかない。馬に乗って走り回っている騎士や武士のような人びとが社会の支配層となって、国家を形成するという現象は、実は中国にはないあり方で、ヨーロッパと日本にしかない。これは、私が思うに、まず木がたくさん生えている必要がある。そして山が多いということなんです。こういう場所に農地を切り開こうとしますと、かなり労働集約的な農耕をしなくてはなりません。それは奴隷にはできないんです。古代文明を形成した大河流域の大平原に大勢いた奴隷ではなく、家族を形成した主体的な農民が結束しないと駄目です。しかも、せっかく開墾した農地が略奪されてしまっては大変ですので、それを保守しないといけない。開墾に非常に努力がいるけれど、開墾された農地を保持してゆくのにもかなりエネルギーが要りますので、そこでガードマンが必要になる。それが武士であります。ヨーロッパの騎士もそうだと思います。ひとつひとつの農地の区画が小さいので、それを集積するために封建契約（土地を媒介にした、指揮服従関係）が必要になります。そうやって大きな集団をつくり出す。こういうシステムを生みだしたんです。こうして、武装騎士集団、武士団が日本にできあがりますが、ヨーロッパのものとある程度の並行関係があるところがたいへん面白い。どちらも文明の中心から外れた周辺地域が、先進地域の文明を受け容れて高度文化を発展させていくというかたちだったんです。

ところがここからあとが違った。ヨーロッパ的な変容の場合は、周辺地域であったものが新たな中心に発展してゆくというきっかけを獲得できた。ここがなかなか面白いところなんです。梅棹忠夫氏☆は『文明の生態史観』という本の中でイギリスと日本を比較し、フランスと中国を比較するようなことをやっていますが、結論として大体同じだと言っています。しかし、東アジアと西欧は違うところがあります。西欧は、次の中心になったんですが、日本はならなかったという点なんです。

周辺地域としての再出発

そしてある時日本は、世界の中心が別の場所に移っていたということを発見しなければなりませんでした。ここで日本はもう一回自らを周辺として位置づけ直す。位置づけ直す場合、当然のことながら中心は、西欧文明であって、日本はその周辺なのです。いままで中心であった中国は、日本よりもっと周辺であるというように、順序が逆転してしまうんです。これが日本の方向転換、いわゆる脱亜入欧です。いままで中心であったものが捨てて省みられなくなった。当然、韓国や中国は、日本について恩知らずなやつだということで反感を持つわけですけれど、これが日本の対アジア問題の根本になるわけです。

この周辺地域としての再出発もいくつか段階があったと思います。明治維新段階、昭和初期の大動員体制段階、そして戦後期。

明治期は非常に単純である。中心は欧米列強であると。日本は周辺なんだけれど、直ちに列強の列に加わろう。列強のひとつの国家として、西欧の見本をコピーしてこしらえるということをテーマにしました。東京の四谷に赤坂離宮、いまの迎賓館がありますが、まさにコピー精神の塊のようなものが建っています。そういう精神でやっていたわけです。この考え方によると、日本の文化的伝統の中にあった天皇は、西欧的な絶対専制君主であると位置づけられる。これは無理なんですけれども、そう読み換えるわけです。

ところがこの安定した文化的模倣の体制が昭和になると崩れてきます。というのは、中心が欧米世界とドイツとソ連というように分裂して、欧米を模倣とする自由主義者、ドイツを模倣とする国家社会主義者、ソ連を理想とする共産主義者というように国内でも分裂が起こるわけです。その分裂を収拾するために角逐《かくちく》があり、結局国家ナショナリズム、反米愛国主義が主流を占める。そして日米対決という構図になっていきます。それが当然失敗し、戦後期につながります。

戦後期の中心は、日本にとって、冷戦下の世界を支配する世界帝国であるアメリカ一国ということになり、ヨーロッパの地位が低下しました。中心がひとつになり、日本は再び安定します。日本はアメリカと対等ではなく、無条件にアメリカに従属するというアイデンティティをえて、ここで明治期とたいへん違った国家体制として出発する。安定はするんですが、では日本は何なんだろうというアイデンティティの混乱が起こってきます。この戦後期の体制では、ナショナリズムを明快に語ることができないんです。

この三つの段階は、ともに西洋文明を中心にしているのですが、内部の配置がだいぶ違っていると思います。

この戦後期が終わりつつあるというのが、いま人びとの時代認識なのです。ポスト冷戦期は、再び中心が分裂する。中心が複数化してくる時期です。アメリカにチャレンジしていたソ連がなくなった代わりに、今度は中国が台頭して、さまざまな予測で、これがアメリカのGNPを凌駕するという。一人当たりでは大したことはないかもしれませんが、何せ人数がアメリカの五倍もあるので、合計ではかなりのパワーになる。

そこで日本は、昔は国家ナショナリズムを高揚してればよかったのだけれど、一体どのようなアイデンティティを見つけてゆくのかということがこれから議論すべきポイントだと思います。ポスト冷戦期の課題は、前の時期（戦後期）のあり方を克服するということを運命づけられます。その戦後期をつくっていた日本の社会前提が崩れているからこそ、ポスト冷戦期なんです。ここで小沢一郎☆という人が「普通の国」というアイデアを掲げたわけですが、この内実が何なのかということはこれから考えるべきことだと思います。

3　日本のかたちを、どのように構想するか

ポスト冷戦期の、日本の国家のあり方をどう考えればいいのかについて、ポイントを五つあげたいと思います。

国際環境の変化

まず前提として、国際環境が大きく変化しているという点です。

国際環境はポスト冷戦期になって、どうなったか。冷戦期の二極対立から、アメリカ一極体制になった。しかしアメリカは、唯一の超大国ですが、その相対的な力量は冷戦期よりも落ちている。そこで実は、一極でありながら多極、多くの国々によって支えられると

いう一極＝多極体制であると考えられます。これはたいへん不安定なシステムであり、ドルの行く末も不安定ですし、軍事バランスも不安定なんですが、やがて米中二極＝多極世界になってゆくのではないかという、ひとつの移行期かもしれません。決して安定したパワーバランスを想定できない。五年か一〇年ごとにどんどん変わっていってしまうわけです。これがひとつの予見です。

もうひとつはアジアの台頭ということで、多くのシンクタンクの予測では、二〇二〇年頃のGNP順位は、1位中国、2位アメリカ、3位インド、4位日本……ということです。これがほんとうかどうか知りませんが、ここで大事なのはアメリカ以外がみんなアジアの国々であるという点です。経済や政治の重心を地球上に落としてみますと、昔は大西洋にあったわけですが、やがて、東シナ海のあたりに来るのは明らかであり、一九世紀の図柄とはまったく違う世界が現れてくるわけです。

そしておそらく、こういう多極化、流動化の中で、日本とアメリカの関係も変質してゆくだろうと思われます。戦後期には、アメリカと日本は上下関係で、アメリカはいわば宗主国であるということが前提になっていたんですが、それが徐々に水平の関係、つまり明治維新直後の、日本も列強の一国たらんという関係にもういちど近づいていくのではないか。そういうふうに動いていくであろうということは、容易に予想されます。これを極端に進めると、日本とアメリカの間に対立が生まれますが、かといってそういうことに全く心の用意がないと、アメリカからしっかりしろと非難されてしまう、こういうむずかしい局面です。

地球環境の悪化

二番目に、地球環境のさらなる悪化が、日本の外的条件として予想されます。まず、南北格差の問題がありますが、これはさまざまな人々の努力にもかかわらず、当面縮まる気配がなく、むしろ広がっています。矛盾が大きくなっている。これは、第三世界の人口増加が貧困を拡大再生産するという構造になっています。

南北格差が広がってくると、自由と平等の対立という問題が再燃してくるのではないか。自由と平等の問題は、本来資本主義国の内部で起こったわけで、資本主義的自由経済の中で豊かさから取り残される貧困層、プロレタリアとよばれる人びとがいる。彼らの権利を認めて、財を平等に分け与えるべきではないかという考え方から社会主義が起こってきた。自由も平等もどちらも大事な価値ではあるんですが、どういうふうに両者を折り合わせるかという方法論をめぐって、自由主義圏と社会主義圏が二〇世紀を通じてしのぎを削った。こういう対立の構図がありましたが、現在先進国の中では調和的に解決しています。先進国ではいわゆる福祉国家というかたちで、自由と平等を調整する手段が出てきました。しかし地球規模で見ると、これを調整しなければならないことは明らかです。南北格差を放置しておくと、北朝鮮みたいな小さな国がひとつふたつであればいいんですが、ほかのたくさんの国がああいうふうになってくる可能性があり、これはなかなか大変です。

もうひとつ、南北格差の問題は人間社会内部の問題でしたが、自然環境との関係でもネックが出てきます。資源ネックが深刻化すれば、人口問題や、炭酸ガス、地球温暖化問題、貧困と飢餓の問題が三すくみ、四すくみ状態になる。特に問題なのは、農耕地がすでになく、人口が増えても食糧供給を増やせないという問題です。それぞれがさまざまな紛争の激化を生むであろう。このことはかなりの程度確実に予測され、現在よりも一〇年後、二〇年後、五〇年後、と時間の経過に従ってますます状況は悪くなる一方ですが、これを適切に解決していく道がない。こういう世界情勢を背景にして日本のかたちをつくらなければならないでしょう。

安全保障――極東有事に備えよ

ものを考える順序として、環境とかエネルギーというところから考えてゆく人びとが多いんですが、私はあえて安全保障の問題から考えてゆくことにしてみました。極東有事について、真剣に考えてみるべきです。日本の周辺に軍事的脅威、紛争の可能性は現にあるわけで、世界の中で当面政治的な混乱が起こる可能性が高いのは、アジア、日本の周辺です。そういうことをまずはっきり考えるべきではないだろうか。

戦後期に何回か、大きな紛争がありました。まず朝鮮戦争。それからベトナム戦争。それから小さな衝突ですが、天安門事件がありました。この三つについて、日本は何も対応してこなかったわけです。なぜ対応してこなかったかを説明すれば、まず朝鮮戦争当時、日本は独立以前であり、日本は主権は持っていたけれど、その上位主権を占領軍が持っていました。朝鮮戦争に第一に対応するのは、上位の主権者たる連合軍であって、日本政府ではなかった。アメリカは絶対の軍事力を持っており、紛争の当事者でしたから、日本には何の選択の余地もなかったんです。これが、日本が朝鮮戦争と正面から向き合わないですんだ理由です。

ベトナム戦争当時、日本はすでに独立国でしたが、日本政府は、紛争を支持するでもなく介入するでもないという中途半端な姿勢でいられた。実は沖縄の基地は、ベトナム戦争にとって非常に重要な働き、役割を担ったんです。極東で何かあれば、沖縄の基地がどう動くかを抜きに語れないんですが、このときこれが国内で大きな問題が起こらなかった理由は、沖縄返還前だったからです。日本の施政権のない沖縄は、日米安保条約の適用外であったので、沖縄の米軍は全く自由に極東での軍事行動をすることができた。そのあと、一九七二年に沖縄が日本に復帰しました。そうすると日米安保条約が適用される。もしその時にベトナム戦争が起こったのであれば、極東の範囲をめぐって、沖縄の基地使用の問題で侃々諤々《かんかんがくがく》の議論が渦巻いたはずです。いまはもう返還されているので、たとえば極東有事の場合に沖縄米軍がどう動くのかが重要になる。このあいだ沖縄で米兵による少女暴行という不幸な事件があって、大田知事の署名拒否とかいろいろありましたが（一七九ページの注参照）、あれを数十倍する大きな議論が起こって当然ということです。

三つ目に天安門事件*です。天安門事件は国際紛争ではなかったんですが、経済制裁の問題が出てきて、日本政府はたいへん苦慮しました。国内でもたいへん議論がありました。民主化運動の弾圧や改善されない人権問題に抗議して、欧米諸国は足並みを揃えて経済制裁や借款の打ち切りに踏み切り、日本にもそうするようにと迫ったんですが、日本の政府は過去の経緯もあるとかで、制裁に入るのがいちばん遅く、制裁を解除するのはもっとも早くというやり方で、中国との関係を損うまいとした。こういうことで日本の国家意思の形成が、じつにふらふらしている点が明らかになっていると思います。この程度のことで済んだからよかったですけれど、もっと大きな事件が起こったらどうするのか。たとえば台湾問題ですが、日本のスタンスは全く定まっていないと思われます。

▼**天安門（てんあんもん）事件**　一九八九年六月四日未明、北京市の天安門広場で起きた流血事件。同年四月に胡耀邦（こようほう）前書記の名誉回復運動をきっかけに民主化運動を進める学生らに対し、人民解放軍が銃による鎮圧を強行。多数の犠牲者を出した。血の日曜日事件。

今後考えられる極東有事として、北朝鮮のことをちょっと考えてみたいと思います。北朝鮮に行って考えたことですが、北朝鮮が何か動きを起こす場合は、冷戦の枠がそこに効かなくなっているという点が重要です。北朝鮮の存在自身は冷戦の産物ですが、最近の状況は冷戦の枠外です。

これはイラクとたいへん似ている。イラクの場合、米ソの牽制が取れた段階で、権力の空白が生じ独自に動いてしまったわけです。これと同じことが、38度線で起ころうとしている。昔は冷戦の38度線でしたから、そこで何かあればすぐさま米ソ対立になり、核兵器が飛び交うということが確実だったため北朝鮮に対して大きな牽制になっていたわけですが、いまその要素はなくなっている。そこで、北朝鮮の暴走の可能性は現実にあるわけです。なんと言っても、まずこれを抑え込むことが大切です。

日本としてできることは、アメリカが朝鮮半島に大きな軍事抑止力を持っているということを、きちんと支持する、支援するということではないでしょうか。このために行なったのが日米の安保再定義ですが、紛争の可能性を未然に防ぐためには、紛争があったならば日本は本気で米軍をサポートするという積極的な支援の姿勢を明確にしておくべきです。それが、紛争発生の可能性を最小にし、結果的に平和を維持する道ではないかと思います。

そのつぎに、和戦両様の必要があるわけで、北朝鮮の再建計画を日本も深刻に真剣に考えてゆく必要があるのではないか。私が北朝鮮に行きましたところ、いつも行く先々にベンツ五、六台分に分乗したアメリカのビジネスマンと思われる人たちがいました。どうやら、アメリカにいる朝鮮系の人びとの銀行と関係がある人たちらしいんです。そういう銀行が合弁銀行をつくるという話があるらしく、ピョンヤンなどをうろちょろしていた。こういうことはアメリカの政府の了解なしということはないと思いますので、そこにアメリカの何かの意図が働いている。

私が思うに、北朝鮮再建のためには、まずスクラップ同然の国有企業の全資産リストをこしらえて、融資可能性を探り、北朝鮮経済の信用調査を行なう必要があるはずですが、それには融資にかこつけて銀行をつくって、そのリストをこしらえるのがいいのではないか。いろいろ各地を回ってみますと、灌漑用水があるけれど、ここのポンプは動いていないとか、発電所はあるけれど、二つのうちひとつは全然駄目だとか、見るからにいろいろなアイデアが湧いてくるような国なんです。いずれにしてもほんとうのポンコツ国家ですので、銀行が一から立て直していかなければならないと思います。ピョンヤンから板門店まで自動車で二時間。ということはソウルまで二時間二〇分ぐらいなんです。ちょっと舗装し直せばソウルからピョンヤンまですぐ行けてしまう。新幹線などを引いたりすれば、プサンから北京まで一〇時間ぐらいで届いてしまうのではないかと思います。経済的には大きな潜在性を秘めているなと思いました。有事がなければ結構ですが、北朝鮮の再建プランは真剣に考えておく必要がある。

中国はなかなか予測がつかないわけですが、現在の体制は非常に問題があって、国際標準と国内特殊事情、中国の特殊な事情が結合しているわけです。これはたいへん問題である。市場経済と社会主義との関係が全くわからないわけです。これはやがて、限界に来るのではないか。それがいつかはわかりません。一〇年、二〇年のオーダーでしょうが、大きな激動が来て次の体制に移行するだろう。私の友人で☆孫津《ソンジン》さんという人が、中国の現状をポスト社会主義として記述した論文を書き、私が翻訳したのですが、彼もだいたい、同じ認識、見解を持っています。中国共産党の政権は自己正当化ができていない。なぜ社会主義政権が存在するのかということの証明ができない。孫さんはマルクス主義者ですからマルクスの説を援用しているんですが、市場経済を採用すると必ず労使の対立が起こるわけです。都市と農村の対立も起こってくるわけです。それを調停してゆく機能を計画経済が放棄しました。そうした場合、絶対政権を握っている中国共産党は、一体労働者の味方なのか資本家の味方なのか。都市の味方なのか、農村の味方なのか。これをはっきりさせることができない。はっきりさせた途端に、反対党が生まれて政権が倒れる。しかし、はっきりさせない限り、どっちにもいい顔をしなければいけないからたとえばインフレとか、そういうかたちでツケを誰かに回してゆくしかない。そういうことになるという矛盾を指摘していましたが、その通りだと思います。

しかし、わが国には、中国の政権が倒れたらどうするというような、長期戦略が全くない。

国内改革――明確な反対がないのに、どの改革も成功しない

こうした安全保障の問題についてきちんとしたスタンスがとれないのは、日本国内のリーダーシップのなさが問題です。言い始めるときりがないんですが、国内の改革がさまざまに提案されています。どの改革もなかなかもっともですが、もっともであって反対がないのに、どうも改革が一向に軌道に乗らないという困った状態がここ五年ぐらい続いています。

これは、私が思うに、改革というのはだいたい合理主義者が、こういうふうにした方が組織合理性がある、この方がいいということで出してくるんですが、それと日本的組織慣行とが真っ向から対立しているわけです。たとえば日本の閣議のシステムを考えてみますと、これは憲法にも書いてありますが、全員一致制をとっているわけで、何かを決めるには大臣全員の副署が必要です。さもなければ首相の一存では何事も決めることができないということになっています。そうすると、閣議の議題に持ちあげるためにはご存じのように事務次官会議というのがあって、次官会議のところで了承されないようなものは閣議に乗せられない。次官が拒否権を持っているんです。次官会議の前にはきっと官房長会議か何かあって、さらにその下から順番に積み上げていくんでしょうが、他省庁に根回しをしておかなければ何ひとつ決めることができない。こういう全員一致制が日本の組織慣行で、

みなさんの会社のどの部局やどの部課にも反対する人がいまして、反対の理由がどんなに筋の通らないことでも、反対している限りは話が進まないということがあるのではないでしょうか。

この日本的慣行の根源はどういうことかというと、組織を擬似共同体と見なし、自分が所属している組織が自分の組織であると誰でも考えているということなのです。したがって、自分はそこで発言し、反対する権利がある。もし自分が相談にあずからないで何かが決まったら、自分はそこのメンバーであることから疎外されたと考えてしまう。こういう文化によるのではないかと思います。これが機能的に組織された近代組織の場合には、自分と自分の職務、自分のアイデンティティと組織のアイデンティティとは別ですから、自分が何か意見を言ったのにその逆が決まったとしても、それはそれでいいわけです。共同体ではないから、それは当たり前です。共同体では、自分の立場が無視されたらどうしようもない。この共同体という意味は、先ほど申しました「日本のかたち」が制度になる以前の縄文、弥生につながる共同体的文化です。あれが、律令制をかなぐり捨てて日本の封建制を形づくり、明治天皇制を生き残り、現在につながっているという根の深いものだと思います。人類学者が言うとおり、基層の文化はそう簡単に変わらないんです。

こうした日本的慣行が保たれてきたのは、こういう組織を長らえさせる社会環境、外部環境が日本にあった、あるいは世界にあった。そして何か矛盾が起こったら、この組織を拡大さえしていけば解消できた。これは高度成長期であり、バブル期です。そうやって、矛盾を組織の外部に放出してしまう。国鉄は国鉄の矛盾を、組織の外部に放出する。組織の矛盾を組織の外部に放出することによって、組織の論理を維持しているわけですが、そのためにはそれを許す環境が必要なんです。そういう環境条件が整わなくなってくると、まず外圧だといって身構え、次に清水《きよみず》の舞台から飛び降りるという非合理な決断がよく起こるんですが、そういう厳しい環境がだんだん出てきているのではないか。

誰が考えても大事なことは、組織合理性を貫徹し、この企業文化の中で自己改造を行なってゆくことです。それが、どう考えても賢明なんですが、その哲学、思想を見つけ、どうやって実行してゆくかという点でたいへん苦しいわけです。たとえば、政治改革がありますが、途中で頓挫したままで、全然どうなるかわかりません。とにかく明確なコンセプトを提示し、そのコンセプトによって現実を設計し、つくり変えていくという主体が少なすぎる。そういう主体を現在の十倍ぐらいにして、日本的組織慣行と五分五分の闘いに持ち込まないと、苦しいものがある。

それから行政改革も非常に重要だと思います。日本の行政府があんなに権限を持っていて、ちょっと困る面があるわけです。日本の行政改革がうまくいかないのは、行政府が行政改革をしようとしているからです。これは泥棒に、自分で自分を取り締まれと言うようなものです。そんなことが、うまくいくはずがない。ここは国民が、行政権力の主人だということをはっきりさせる。具体的には、行政改革の舞台を国会に移し、国会で法律をつくって行革を行なう。国民がそう決めれば、それは出来ます。そういう方向へ向かうのが本当だと思います。

科学技術創造立国

日本の産業を支える科学技術を、どう発展させるかも大切です。科学技術基本法が国会を通過し、政府は「科学技術創造立国」を唱えていますが、そううまくいくのか。まず、教育改革から出発しないと、何ごとも解決しないと思います。私の考えですが、日本の教育改革の根本は受験をなくすことであって、受験をなくすには、卒業をむずかしくすればいいんです。卒業が簡単だから、みんな受験さえ通れば何とかなると思って受験で頑張る。文部省（現・文部科学省）が言っているのは、大学は定員通り学生を採らなくてはならない。そして定員通り卒業させないとまた怒られるわけですから、大学教員としては手取り足取りどういう手段をとっても学生に卒業をしてもらう。こんな愚かな制度になっているので、入学した途端に学生は勉強しなくなる。これを変えていくんです。少なくとも二〇〇人入学したら、一〇〇人卒業すればいいかなというシステムにすれば、入学試験はなくなるし、卒業はむずかしくなる。

そしてもうひとつ、個々人の差異を支援する。個々人の才能を支援すると言っても、才能だけを支援するわけにはいきませんので、とりあえず個々人の違い、差異を支援する。そういうシステムを教育に取り入れてゆく。大学は定員をなくすだけでいい。そういうことをしないと二〇二〇年（アメリカがGNPで世界一の座を明け渡すと予測されている年）に間に合いません。その年に三〇代、四〇代の優れた研究者を生み出そうとするなら、たった今、改革を始めても遅すぎるぐらいだ。

それから研究システムのほうも変えていかなくてはなりません。日本人ばかり育てなくてよいから、外国から優秀な人を連れてくる。そのための努力が欠けています。大学・研究機関を国際化して、日本人とまったく対等に、外国の人びとを受け入れる必要がありますす。そしてさらに、日本のリーダーシップを発揮するための、思想改革も必要でしょう。

（一九九六年初出）

国際化と日本人の意識

国際化時代と言われるようになってから、もうだいぶたちます。一九六六〜六七年に海外旅行や為替の規制がだんだん緩んできまして、それまではクイズにでも当たらないとハワイには行けなかったものが、ちょっとお金を貯めれば、あるいは新婚旅行などの機会にハワイに行けるようになった。そのときに持ち出せる外貨も少しずつ増えてきました。海外旅行が、所得上位の階層の人びとから、だんだん生活の中に入ってくるようになったわけです。

一九七〇年に大阪で万博があり、七〇年代には近所に海外旅行に行ったことがある人がいるような感じになって、農協も団体で行く。八〇年代以降はもう完全に日常化して、リピーターばかりになってしまいました。

七〇年代以降、日本の高度成長が一段落してから、日本の為替管理が緩み、通貨もどんどん緩んできて、自由化が進んだわけです。そういう全体の流れの中で、日本人だけが変な行動をしていると見られる機会も多くなり、それで国際化ということがしきりに叫ばれるようになったのだと思います。

結論からいえば、国際化はあまりうまくいっていないのではないかと思われます。それは日本人の努力が足りないという問題ではなくて、どこかにボタンのかけ違いか、勘違いのようなものがあるのではないか。日本人が国際化のつもりで努力しても、必ずしもいわゆる国際化にはならないという点があります。そこで、そのボタンのかけ違いのもとにさかのぼって問題を整理してみましょう。

1　国際化とは何か

international と national

最初に、国際化とは何かということです。

国際化とは、"international"という言葉を日本語に訳したものです。"inter"は「際」と訳しますが、国際のほかには「学際」というのが有名です。学際は"interdisciplinary"の訳ですが、"discipline"は確立した学問という意味で、たとえば経済学と政治学の間のことが学際ということになります。

国際も同じ意味で、ネーションというまとまり、ナショナルなものが、たとえばドイツとかフランス、イタリアというふうにまとまって実体としてあるわけです。その間に、たとえば国際機関、あるいは両方の国籍を持っている人、特有な文化があったりする。そういう現象を国際と言うのではないでしょうか。ですから、考え方の順番としては、まずナショナルなものがあって、その上に、そこに収まらないものを考えていこうという発想です。

そこで、ナショナルについて考えてみますと、ネーションは国民と訳されます。しかし、ナショナルはインターナショナルの反対で、国民的、つまり日本国民なら日本国民、フランス国民ならフランス国民ということです。もう少し突っ込んでいきますと、特定の国家に関することなので一国家的である。さらに突っ込んでいきますと、ネーションの成立はそんなに古いことではありません、歴史上、近代に属するもの、近代国家的、ネーションステートという意味合いがある。だから、国民的であるという状態を超える、一国家的であるという状態を超える、近代国家的であるという状態を超える動きを、国際化と称することができるのではないかと思います。

以上をまとめますと、一七〜一八世紀頃、近代的な意味での国民国家が世界の構成単位となるという動きが、ヨーロッパを中心に起こりました。今日のイギリス、フランス、遅れてドイツ、イタリアという国家ができあがってくる時期に、それに相応する概念としてインターナショナリズムが出てきたのではないかと思います。

ちなみに、それ以前はどういう状態だったのか。それ以前でも各民族や各地域にとらわれない、全世界的（世界と言うのが大げさであれば全ヨーロッパ的）な動きはいくらもありました。しかしそれは、国際的という観念ではとらえられなかった。なぜならば、ネーションというものがはっきりしなかったからです。それは普通は普遍的、ユニバーサルというふうにとらえられていました。

典型的に言えば教会です。教会は各民族、各地域にとらわれない、もっと大きな世界大のまとまりです。アレキサンドリアとかシリアなどの教会は音信不通になってしまい、ローマとビザンチンの教会を中心にして、キリスト教徒全体が一つの組織にまとめられていた。言葉は、ラテン語あるいはギリシャ語が共通語で、はじめから国際機関だったのです。

それは普遍性という言葉で理解されていた。その普遍性の足を引っ張るけしからんもの（民族性とか土着性）があって、本来国際機関であるはずのイギリスの教会が英国国教会になり、ドイツがローマから切れるなど、普遍性が踏みにじられていく。中世の考え方からすれば、近代はそのように見えるわけです。普遍性の実体がだんだんなくなってボロボロになっていった、そしてその代わりに国民国家が出てきたわけです。そうすると戦争になってしまう。それではしょうがないので、それを超える人類社会の原理が必要だった。その反対概念として国際化というのが唱えられているということだと思います。

ほかに普遍的なものとしては大学があります。大学は中世が起源で、中世の普遍的な知識の共同体としてできたわけです。それが近代になって、国民国家の学校制度の中に吸収されてしまった。しかも、もともとは国際的な機関ですから、たとえばアメリカで学位を取れば、ヨーロッパに行ってもドクターとかプロフェッサーと呼ばれます。国際運転免許のように、どこの国で学位を取っても通用するという考え方が生きているわけです。

ナショナリズム——普遍的な原理に抗して、国民国家が自己主張する運動

普遍性を食い破るものとしてナショナリズムの運動が大きく出てきた。それが歴史の順序です。そして、ナショナリズムの洗礼を受けた概念がインターナショナリズム、つまり国際化なわけです。

ナショナリズムの中身は、キリスト教とか人類全体の知識とか、普遍的な原理として知られていたわけです。しかし、それが地域の実情に合わないため、われわれの生活と密着していかない。そのためもう少し身近なところから考えていこうということで、ある範囲の人びとがまとまっていく。それが国民国家というかたちで政治的にもまとまっていき、強く自己主張していくことになりました。これがナショナリズムの運動と言われるものです。

はじめは星雲状になっていて、どこが外国で、どこが自分の国かわからないんです。しかし、何百年もかかってある範囲の人たちがまとまってくるわけです。

ナショナリズムを語る時には言語の問題が非常に重要です。それから経済主権の問題も重要です。どこで関税を取っていいかということです。はじめは封建領主が勝手に関所をつくっていましたが、国王に禁止されて、国境という概念が出てきます。その中では自由貿易ですが、国境を通過するときに関税を取る。取った関税で常備軍を雇って国家を経営するのが絶対王政の初期です。

同時に租税を取るという権利もあります。初めは封建領主の十分の一税などだったのですが、人頭税、間口税、水車小屋税などの中世の租税体系が、だんだん物品税、所得税などの近代的な税制に整理されていく。税金を取る権利はとりもなおさず国家主権ですから、国民国家の成立とほぼ対応しているわけです。

それから、人間を教育する教育権があります。どの言葉を使って、何を教えるかは国家の重要なポイントです。

また、人間の移動を制限するシステム——パスポート、ビザという制度——が整備されていく。今日では当たり前の制度が、二〇〇年から三〇〇年ぐらい前にほぼ形を現してきた。ナショナリズムは思想運動であり、生活革新運動的な面もあるんですが、制度面ではこうした細かいことがたくさんあるわけです。

このようにして国民国家が一カ所でできますと、対抗上、ほかもまとまらないとしかたがない。そのためだんだん国民国家が増えてきます。国民国家になり損ねたところは、ほかの国民国家（簡単に言えば列強）に分割されてしまったり、宗主権を打ち立てられて植民地や半植民地になることを強いられる。そのころのツケが、東欧、ロシアなどにたくさんたまっているわけです。

＊

国民国家は、はじめから存在していたのだという顔をしております。しかし、考えてみますと、かなりインチキくさい。たとえばフランスという国を考えてみますと、フランス人がいたからフランスという国をつくったんだ、というのがフランスの公式見解かもしれません。事実は逆の面もあります。フランスという国家ができてしまったので、その政治的主権、経済的主権の中にいた人たちは、言葉や風俗・習慣をフランスの中央政府に合わせ、フランス人になるしかなかった。隣の村でドイツの国家になってしまったほうは、ドイツ人になってしまった。そういうふうにも考えられます。

日本はそのへんが曖昧なんです。しかし、ヨーロッパでは土地土地、民族、風俗・習慣、言葉が微妙に違っていて、それをよく意識しているわけです。スペインならバルセロナ、フランスならバスク地方、ノルマンディー半島ならノルマンがいたとか、そんなことがあちこちにありますから、今日でもそれが少し残っているわけです。フランス政府は最も美しい言葉はフランス語などと言うんですが、標準語を勉強する運動をして、フランス人をつくりだしていくわけです。ですから、フランス人がいたからフランス国家ができたというのは、半面の真理ですが、もう半面の真理として、フランス国家ができたのでフランス人ができたということにもなるわけです。そうしますと、いったいどういう人たちがどういう国家をつくればいいのかということは未解決の問題、要するに腕ずくの問題になるわけです。むごいといえばむごい面もあるわけですが、近代の歴史はそういうものだったと思います。

日本の場合、普遍性対民族性の争いが深刻に意識されることはなかった

日本の場合、中世的な原理（つまり人類普遍性）を打ち破るものとしてのナショナルな原理（日本の民族性）が、きれいに時代区分として現れてきているかというと、実は非常に曖昧なんです。

日本でも中世があったことになっています。しかし、教会に匹敵するものは仏教の教団、寺社でした。寺社も荘園を持って寺社領みたいになっているために、中世の修道院とか教会領と匹敵すると思われます。しかし、教会領の場合、十分の一税を、国境を越えてローマに集中する官僚機構なんです。しかし、仏教はそういう原理を持っていないのです。たとえば日本で集めた荘園の上がりを中国に運んだとか、インドに運んだということは全然ないわけです。ですから、寺社領が中世の原理でどんなに上がりを取っても、日本国内で消費されているわけですから、インターナショナルな組織、人類普遍性を体現しているものではないのです。日本流の本寺・末寺関係になっていて、ユニバーサルであるというよりも、かなりナショナルな日本ブランチ、はじめから日本のお寺であるという面があります。

そのほかにそういう役目を果たすものがあるか。儒教はどうか、法律はどうかと考えていっても、ヨーロッパの各民族にまたがるような普遍的な文明の要素は非常に弱かったと言わざるをえない。逆にそれに対抗する英国国教会の運動、ドイツの宗教改革、イタリアの国土統一、フランスの絶対王政のように、よその民族と違ってわれわれがひとつの国家をつくるべきだという主張が、一六世紀から一九世紀あたりに出ているかといえば、この要素も非常に希薄です。中世から近世への移行というのは、日本の場合には希薄なわけです。ヨーロッパのような普遍性対民族性の争い、ナショナルな要素が強烈に意識されるということが弱かったのではないか。

その観念は、今の日本にもずっと尾を引いています。

ヨーロッパであれば、フランスとかドイツは人為的なもので、ナショナリズムを通過したひとつの概念です。ところが日本では、人為的な、われわれがつくったという観念に乏しくて、むしろ自然的な、昔からあったものだと考えられがちです。日本は、人為的ではなくて、自然的な境界であると意識されています。

たとえば北方領土の議論をするときに、どのへんで切ると日本としていちばんまとまりがいいかという地勢学の問題になってしまう。そのためどの時点でどういう条約があったからこれは日本だという話には、国民の頭がついていかない。そういう自然的な境界、自然的な人種として日本人があって、それが文化的な美徳として伝統を持っていて、という話になってしまうわけです。

そうするとどうなるか。われわれは近代を通過している関係で、自分たちを日本人と意識するわけです。その日本は自然的なもの（単純に言うとナイーブなもの）であるという意識がありますので、それは一種の内側になります。日本以外のものは外側であって、理解できないもの、自分たちではないもの、場合によっては怖いもの、接触しないほうがいいものである。なるべく内側に閉じこもっていたほうが楽だし、気持ちがいいということになります。これを、自覚しないという点が厄介なんです。これを裏返しますと、自覚しないまま、内側は仲よくしていればいい、外の人はいないほうがいい、外の人がいると邪魔である。外の人が反対の意見を持っていたら、われわれも反対すべきである。できれば外の人を征伐したほうがいい。こういうふうに、自覚しないまま外を攻撃してしまうという心理的特性を、どこかに持っているのではないかと思います。

そうすると、状況しだいでこんなことが起こってくる。普通のおじさん、おばさんが突然竹槍を持って外国人を殺してしまったり、よそに行くとさんざん悪いことをしても、帰ってくると普通の人になったりする。こういうことは、こういう内／外の対立を抱えている人びとの場合、起こりうることなんです。これは独自の歴史を抱えている日本が近代国家をつくってしまったことのお釣りのようなものだと思います。

*

しばしば、これはアジアの特徴であると言われるんですが、これは日本の特徴でして、アジア全体に言えることではないというのが私の考え方です。その証拠に、韓国とか中国という近隣のアジア諸国のことを考えてみると、ちょっと行動が違っています。たとえば中国は、自分たちが自然的な境界によって囲まれている中国人だという考え方はあまりありません。中国という境界をつくることに、二〇〇〇年、三〇〇〇年の昔から非常に熱心です。万里の長城のように、異民族との境界の塀を膨大な労力と資源をかけてつくっているわけです。日本人は、自分たちが日本人であることを確認するために、これだけの努力を払ったということはありません。専制的な皇帝が人民を駆り出したんだと説明されますけれども、人民も納得しなければあんなことはやらないわけで、やはり国民的な総意として大きな壁をつくったと考えられる。北のほうには地続きで怖い人たちがいましたから、不断にそれを意識しているわけです。それでも、ときどきモンゴルや清が入ってきて、政府を乗っ取って、何百年か支配していくわけです。これは非常に大きなコンプレックスとして中国の人たちにのしかからざるをえない。その王朝が三〇〇年ぐらいして弱くなると、立ち上がって自分たちの王朝をつくったりします。

中国の場合には、異民族の王朝がとても多いんです。日本の場合には、天皇がそうだとか、騎馬民族説*とか言われていますが、証拠がはっきりしない。証拠がはっきりしないということは、日本人がそういう意識を持たなくてすむということです。日本には異民族の王朝に支配されたという経験がない。中国にはある。これひとつをとっても、中国は、日本人が考えているような自然的な境界で内側に閉じこもれるという単純な考え方ではできていないということがわかると思います。

▼騎馬民族説　大陸北方系の騎馬民族が日本に渡来し、大和王朝をたてたとする学説。昭和二四年（一九四九）雑誌『民族学研究』の座談会で江上波夫氏が提唱。

むしろ中国ははじめから多民族国家です。多民族国家をどう統一するかということで、漢字をつくり、法律をつくり、儒教をつくりと営々と努力してきた人為的な社会です。その人為的な社会の表れが、儒教の礼や道徳の秩序、律令という法体系、科挙の官僚制、そして今日まで続いている中国人の政治好きです。そういう要素は日本には全然ないのではないでしょうか。そういう点から考えてみますと、日本人のほうがはるかにナイーブだと言えるのではないかと思います。

2 日本の国際化はなぜむずかしいか

EC――ナショナリズム→インターナショナリズムへの道

つぎに、日本の国際化はなぜむずかしいかということです。

現在、二〇世紀から二一世紀にかけての時代は、国民国家の体制が行き詰まって、つぎの体制を模索している時代、と歴史上位置付けられるだろうと思います。

行き詰まりは明らかで、はじめは帝国主義というかたちで列強が争うという現象になったわけです。そして、一回目の戦争があって、勝ったほうが負けたほうに意地悪をしたわけです。すると、負けたほうは恨みつらみの固まりになって、もう一回、戦争になってしまいました。その間隙を縫って、*国際共産主義というひとつの普遍性を持った運動、新しい教会も出てくることになって、非常に複雑になりました。結局、普遍主義の運動である国際共産主義と、資本主義の総本山であるアメリカが同盟してファシズムをやっつけるという構図で、二番目の戦争が起こりました。日本もファシズムのほうに入っていたものですから、負けてしまいました。その後、核兵器が発明されたために、三番目の戦争ができなかったんです。三番目の戦争がもしあったとすれば、国際共産主義と資本主義の総決戦となるはずだったんですが、それがなかった。そこで根比べになって、国際共産主義が負けてしまったということで、今に至っているわけです。

▼国際共産主義（党） the Third International 共産主義インターナショナル。一九一九年レーニンを中心に結成され、国際共産主義運動を指導した組織。各国共産党をその支部とする国際共産党として機能した。四三年解散。コミンテルン。

戦争は紛争の一つの解決方法なんですが、戦争ではない方法で国民国家を乗り越える方法はないかと模索したのが二〇世紀の後半です。そのために、さまざまな国際機関ができました。国連を代表として、世界銀行、IMF*などの国際機関が調整役をする。それにとどまらない動きがいくつか出てきましたが、その典型がEC、ヨーロッパ共同体（現・EU、ヨーロッパ連合）です。簡単に言うと、今までナショナリズムの単位であったフランスとかドイツという国家を超えた中央政府、すなわちEC政府をつくり、議会をつくり、個々の政府が地方政府、日本でいえば地方自治体という位置付けになっていこうという、かなり大胆なやり方です。

▼IMF 国際通貨基金 International Monetary Fund の略 国連専門機関のひとつ。第二次大戦後の国際通貨・金融制度の安定をはかるため、ブレトンウッズ協定にもとづいて一九四五年に設立された国際金融機関。事務局はニューヨーク。

ヨーロッパ人の感覚からいいますと、これはかなり思い切ったことですけれども、実行可能なことなんです。なぜならば、たとえばバイエルンで考えてみると、ドイツはプロイセンのほうから出てきたわけで、ドイツの中央政府も地元とかなり違ったものである。自分たちはドイツかもしれないけれども、バパリア地方だと考えていて、ドイツそのものがかなり人為的なものなんです。だから、なるべく地方政府の権限を強くしてもらいたいと思っているわけです。ですから、ベルリンかボンにドイツ政府があったものが、今後EC統合本部になったとしても、ちょっと遠くなっただけで、考え方としてはそんなに変わらない。それが人為的にもっと大きなまとまりになったとしても、そんなに違わないのではないかという考え方があります。デンマークのように、小さなまとまりだけで国家をつくって、上の大きな段階がないところは、ECに入ったのでは立つ瀬がないと反対しておりますが、おおむね賛成の人が多いというのは、もともと近代国家が人為的なもので、それをさらに大きくつくり直すことに心理的な抵抗がないからだと思います。近代国家は国際機構に改造可能なものなのです。

日本の場合、日本の国家が人為的にできあがったというところが十分自覚されていません。まず地方自治がそこまで強力でない。中央政府の言いなりみたいになっています。ですから、中央政府が別のものになってしまうということは大変な影響を与えるわけで、日本でなくなっては大変だという反応になります。東アジア共同体というふうにはならない。日本人が考えた共栄圏というのがありましたが、共栄圏というのは日本には都合がいいけれども、ほかの国には都合が悪いというもので、共同体ではないんです。

そのことはおいておいて、日本の場合には共同体は考えられないんです。本当は共同体をつくるのが国際化です。だけど、国際化、国際化と言いながら、共同体をつくるつもりは、はなからない。そうすると国際化はどういう意味になるかというと、今までみたいに内に閉じこもっていたのではまずいから、国際性を取り込んで、少し摩擦を減らすなり、外に門戸を開くなりしましょうというような努力目標になります。これが日本の国際化というわけです。

日本史の基本リズム――〈外〉を取り込む運動と〈内〉に閉じこもる運動

聖徳太子の改革　こういう国際化では、いくら一所懸命やってもあまり効果はないだろうと思いますが、そうも言えないので、ちょっと歴史をさかのぼってみます。こういう意味の国際化であれば、日本人はずっと昔から国際化をやりっぱなしだったのではないか。日本の歴史はいろんなふうに整理できますが、日本は積極的に外からいろんなものを吸収する運動と、外のものを取り込みすぎたので少し整理して日本に立ち返ろうという運動とを、交替で行なっていたと見えるわけです。

はじめに弥生時代、古墳時代というナイーブな時期があったあとの、聖徳太子*の改革にまず注目すべきだと思います。私は聖徳太子は周恩来にとてもよく似ていると思います。周恩来はフランスに留学して外国語がよくできた。聖徳太子は中国語もぺらぺらで、一〇人ぐらいの話が一ぺんに聞けたというのは語学がよくできたという意味らしいんですが、国際的知識人でした。周恩来は、中国が欧米の近代化に遅れをとっているので四つの近代化、中国語では現代化と言うんですが、その旗を高く掲げた。それと同じで、白村江《はくすきのえ》の戦いに敗れて中国の実力をまざまざと知った日本は、このままでは国運が危ういということで、当時の世界水準に追いつくために四つの近代化、近代化ではないので古代化ですが、四つの古代化の旗を掲げようと言ったわけです。農業の古代化、工業の古代化、科学技術の古代化、国防の古代化、これは周恩来が言ったものそのままで、よく似ているわけです。

▼聖徳太子の改革　冠位十二階の制、十七条憲法の制定、遣隋使の派遣などの治績をあげる。仏教の興隆につとめ、法隆寺など建立。

▼白村江の戦い　朝鮮忠清道錦江の河口。六六三年（天智天皇二）の日唐海戦の地。当時百済と新羅の年来の対立が激化し、百済は日本に救援を求めつつ州柔（ツヌ）に立てこもる。これに対して、任那問題で新羅の宿敵であった日本は、新羅と唐の水軍を白村江に待ち受けて戦ったが敗北した。

たとえば均田法を実施しました。これは農業の古代化ですが、今まで豪族が持っていた土地をバラバラにして公地公民制を確立する。国家が介入した中央集権型の社会主義経済をつくるということをやっているわけです。これは中国のアイデアですけれども、いちばん新しい考え方だからというので日本でもさっそくやったわけです。また律令、法政治制度を輸入して、今の政治改革よりよほど大胆なことをやっているわけです。あるいは兵制改革があります。それまではごろつきヤクザのようなものが血縁で集まって豪族と称していたわけですが、国が一般民衆から兵隊を募って、国が任命して天皇の命令で動くようにする。官僚制というのも、今までは血縁集団ですから、血のつながっていない人に命令するということは考えられなかった。ところが、いろいろな氏姓の人が集まってひとつの組織をつくるというものですから、相当大胆な革命です。あと大学制度、国分寺*の制度、これはナショナル・アカデミーみたいなものだと思いますが、そういうことをします。簡単に言えば、日本の制度のうち中国の制度に置き換え可能なものは全部置き換えてしまうということを積極的に推し進めたわけです。

▼国分寺　天平一三年（七四一）、聖武天皇が国家鎮護のため、諸国に建てさせた寺。

すると当然いろいろな混乱があります。大化の改新、*物部氏の没落とかさまざまな勢力争いがあるのですが、だいたいこの方針は是とされて、以後、これを基本方針としていくわけです。遣唐使はそのいい例ですが、遣唐使は一〇〇年ぐらいやっているうちに、そろそろ外国から学ぶことがなくなったとかいろいろな理屈がついて、やめになってしまいます。今で言えば、アメリカにフルブライトで留学することが役に立ったんですが、だんだんフルブライトの熱も冷めてきて、アメリカから学ぶことはなくなったという言説が出てくる時期がやってくるわけです。

▼**大化の改新**　大化元年（六四五）に始まった古代の政治改革。中大兄皇子（なかのおおえのおうじ）・中臣鎌足（なかとみのかまたり）らが蘇我氏を倒して孝徳天皇を立て、律令に基づく中央集権国家樹立をはかったもの。翌年の改新の詔で私有地・私有民の廃止、地方行政権の朝廷集中、班田収授の実施、税制統一の四項目を公布。

国風文化　その後、平安時代、つまり国風文化の時代になります。国風文化の時代は、中国から持ってきた文物がなし崩し的にデフォルメされて日本風になっていって、ポイントが忘れられていく時代ではないかと思います。たとえば荘園制は公地公民制の反対です。それから武士が勃興してきますが、これは天皇を中心とする兵制の反対です。公家法／武家法ができてきますが、これは律令法と何の関係もない。要するに平安の王朝国家体制の根幹は、律令制に基礎は持っているけれども、それとは関係ないんです。こういうものを、だれ言うともなく自然につくってしまうということが起こります。

▼**国風文化**　平安中期以降の日本文化。遣唐使の廃止はそれまでの唐風文化にかわって文化の国風化をもたらし、仮名の発達による文学の発達など、宮廷中心の貴族文化が展開した。

安土桃山時代　これでずっとやっていて、安土桃山時代になると西洋との接触が起こります。そこでいち早く、鉄砲、キリスト教、時計、工芸品などをちゃっかり輸入します。鉄砲でも輸入するだけではなく、すぐ国産化してしまうという点がなかなか日本風です。鉄砲でもすぐつくってしまう。いい点は非常にフランクに取り入れるわけです。このときに聖徳太子とは違った動き方が出てきます。特に秀吉がそうですが、取り入れるだけではなくて、外に出て行こうという強烈な動きが起こります。秀吉だけではなく、和寇とか南方に行った日本人とかいろいろいますが、国際的に動き回る日本人が出てきます。秀吉は中国を占領したいと思ったんです。中国を占領するためにまず朝鮮と連合しようというので、朝鮮に使いを送ったんですが、うまくいかなかったので、まず朝鮮からやっつけようとして朝鮮征伐になりました。

この発想は分析されていませんが、ちょっと面白いと思います。日本は、その前に元寇といって、モンゴルに占領されかかったことがありまして、それが大きなショックになっています。それ以来、外からの脅威に備えるのが、武士の政権（鎌倉幕府）の大義名分になり、このときまで征夷大将軍*の存在理由みたいになりました。秀吉の場合はその裏返しだと私は思いますが、中国を占領してアジアに軍事的な共同体をつくろうという発想まで行ったんです。稀有な日本人だと思います。これは中国にとってはよくあることです。モンゴルとかいろいろな異民族が入ってきて、中国の中央政府をつくってしまうということがあります。

▼**征夷大将軍**　平安初期、蝦夷征伐につかわされた軍の指揮官の官職名。源頼朝以後、鎌倉・室町・江戸幕府の長として武士を統轄し、政治・軍事の権力をにぎった者の職名。

これは歴史の〝if〟ですが、もし日本が中国を占領していたらどうなったかというと、占領は割合うまくいっただろうと思います。しかし、二代、三代と続くにしたがって、日本の中国政権は中国化していかざるをえない。清の本拠地がだんだん中国化していったように、日本が中国化していくことに帰結するわけで、その後の歴史の流れはずいぶん大きく変わったはずです。中国、朝鮮、日本を一体とする東アジア圏ができていたかもしれないと思います。幸いかどうか知りませんが、そういうことにならないで、この動きは切れてしまった。

鎖国〜明治維新〜大東亜共栄圏　そこで、さっきの力学からいって、その正反対のことが起こります。直接にはキリスト教なんですけれども、外の脅威を意識した内への閉じこもりを組織的にやってしまう時代が起こります。

これが再び外に開いていくのが明治維新です。明治維新を動かした勢力は尊皇攘夷派*ですが、これはたいへんパラドクシカルです。本来内側を意識して、外を排除するはずだったのに、政権を取ったとたんに開国してしまう。このことは、外に開くのと内に閉じこもるエネルギーは同一のものだということを表していると思います。これがどうしてひっくり返ったのか、私はまだ納得のいく研究を読んだことはないんですが、そういう補助線を引いて考えたほうがいいと思います。

▼**尊皇攘夷**（そんのうじょうい）　天皇の権威の絶対化をめざす尊皇論と、拝外主義である攘夷論が結合した政治思想。江戸末期、幕藩体制の矛盾の中で、水戸学によって提唱さ

れ、反幕運動へと発展。

明治維新のとき、指導者たちが開国を本気で考えていたかというと、アメリカの船が来たからしょうがない、一〇年ぐらい開国してまた鎖国してやろうと思っていた人もいたらしいのです。実際に開国してみると、とてもそんなことでは済まなかったのですが、心理的なコンプレックスとして、欧米列強に無理やり開国させられたというのがある。弱かったから開国したのであって、強ければ自分のテリトリーをつくって閉じこもれるわけです。それが排外主義という試みで、ウルトラナショナリズムになってくる。しかし、このときになると、内に閉じこもろうにも、天皇を中心とする立憲君主制とか近代の超克とか、国粋主義とかしかないんですが、たいていのものは外来の思想の引き写しで、本当に内側のものではないという悲しさがあって、しょせんは二番煎じですから外国に負けてしまう。

戦後民主主義〜国際化の時代　そうすると、また同じことで、戦後民主主義の時代のアメリカ化が起こります。これは、日本の制度をできるだけアメリカの制度で置き換えてしまおうということですから、四つの古代化と考え方は同じです。当然摩擦が起こりますから、なし崩しの国風文化がどんどん出てくる。たとえば教育委員会の公選制はだめだとか、どんどんそんなふうになっていくわけです。アメリカ反対も、草の根のレベルであります。それと共産党、社会党、社会主義が妙に結びついてしまう。

そういうものを経過して、コンプレックスは形を変えてきます。英会話をしようと思うとどぎまぎしてしまうくせに、アメリカも大したことないじゃないかと思ってしまう。また、今まで自分もアジアの貧しい国と似たようなものだったのに、かわいそうだとか、遅れているとか、第三世界に対する優越感みたいなものが出てきます。

国際化は、ちょうどこういう時期に対応しているので、やや嫌な面もあるんです。ここでも、外と接触するほど内に閉じこもりたくなるという逆説は生きていると思うんです。アメリカに何年も住んでいたり、留学して帰ってきたりした人に聞いてみますと、アメリカは嫌だ、やはり日本はいいなと言う人がかなりいます。

日本人には国際化の基礎条件が欠落している

私から見ますと、日本の外と内のメンタリティーというのは、千何百年の歴史を通じてずっと同じで、今でも同じだと思います。だから、この延長上でいくら国際化を考えても同じようなサイクルに巻き込まれてしまう。もしこうでないものを考えるならば、歴史をさかのぼって、日本人の内側から出発する発想を脱皮する必要があるのではないかと思います。日本人がどうしてこういうふうに考えてしまうかというと、異なる民族との深刻な摩擦を経験していないせいではないか。国際化の基礎条件が欠落している。世界的な文明というのは、キリスト教から始まって全部、民族の摩擦を前提にしているんですが、それがない。日本人がいくら文化的なものを考えても、異民族に理解される要素がなかなかないんです。

3　日本人は国際化のために、何をしたらいいか

勘違いの国際化

つぎに、日本人は国際化のために何をしたらいいか、ということです。国際化は、皮相なレヴェルでは、外との接触の割合が増えることであると理解されています。簡単に言うと、

①外国語ができるようになる
②外国に旅行する
③外国の事情（文化・思想・風俗）に明るくなって何でも知っている

これが国際化であるとしばしば言われます。もちろんこれは国際化の条件のひとつですが、十分条件ではない。

外国語はひとつの手段にすぎず、外国語が全然できなくても国際化は可能であると思います。また、外国に旅行をしても日本に戻ってくるわけで、外国にいる間はお客さんです。そこの枠を突破しないかぎり対等にはならない。外国の事情に明るくなるというのは、外

国の事情に暗い人がいるから成り立つ商売です。要するに、情報ギャップに寄生しているわけです。こういうタイプの知識人がいくらいても、外国では絶対に通用しないわけです。これはアジア的、もしくは日本的な特徴だと思います。

以上をまとめてみますと、①から③は国際化としてある局面で評価されますが、それは内にとって外が稀少であるという内側から見ての論理です。ということは、国際化とは反対の論理が支配する内側が厳然として生きているからこそ、外国語や旅行、外国の事情の知識が稀少であって価値を持つという構造になっているのだと思います。これは国際化のように見えて、まだ国際化がなんら始まっていないということだと私は思います。

日本の固有性・独自性に気がつく、自分が何ものであるか知る

では、どうしたらいいのか。①から③の先を考えなければいけないんですが、まず日本の歴史の固有性、独自性を十分理解することではないかと思います。国際化というと、しばしば外国のことがわかればいいんだと思っていて、自分たちのことをちっとも知らないわけです。外国人は日本から来た人がいるというので、日本のことを聞く。そうすると、何も知らなくて答えられないから、もごもごしてしまう。おまえは誰なんだということになりまして、恥をかくというパターンです。まず自分が何ものであるかをよく知って、それを説明できることが出発点ではないか。自分が何ものであるかというアイデンティティーが確立してはじめて、他者との関係がとれて、他者が尊重でき、他者とコミュニケーション、相互理解が可能になる。だから、国際化の原点はまず自分であるということがあると思います。

同じようなことで、英語を習うのもいいんですが、日本語を外国人も学べるように国際語として鍛えていくということも、国際化のひとつの出発点です。英語を学んでばかりいてもしょうがないので、足許から出発し、日本語をつくり変えていくのがひとつのやり方です。これは日本語の経歴を調べて、その語彙を整理することに通じるわけです。

過去を十分に振り返る

また、時間的に知識を広げていくということで、自分を知ることの一環として、過去を十分に振り返るということがあると思います。これは、歴史が面白い、もの珍しいからという好奇心の問題ではなくて、自分を何が拘束しているかという、その無意識を調べていくためです。歴史上の大きな出来事は、同時代の人や後世の人に大きな無意識の束縛を及ぼします。ですから、自分も必ず過去のさまざまな出来事に縛られているわけです。それに気がつかなければいけないのではないか。自分が当然だと思っている発想を、日本人は歴史上どの段階で信じ始めたかを確認していくことが、とても重要だと思います。近いところでいきますと戦争責任の問題。従軍慰安婦*の問題。あちこちで日本軍がばらまいて紙くずになってしまった軍票*の問題。残留孤児の問題。教科書の歴史記述、戦争に対する補償の問題など、さんざん山積みになっています。

▼従軍慰安婦問題　日本軍将兵の性的慰安を目的に、朝鮮半島など各地から戦地に送られた婦人たちの、人権問題、補償問題、その事実関係をめぐる論争。

▼軍票（「軍用手票」の略）　日本軍が交戦地域や占領地域で使用した通貨代用手形。現地通貨を強制的に軍票に交換させられたあと、敗戦によって財産を失った人びとが、日本にその償還を訴えている。military scrip

これを話題にすることは、どこかに心理的な抵抗がある。日本人の中の誰かの責任を暴きたてて追及することになるので、なかなかできないということがある。でも、これをやらなければどうしようもない。こういうことをやらないで国際化はできないわけです。五〇〇年前の朝鮮侵略の後始末とか、和寇のことも全部含まれますが、過去を十分振り返るということです。

異文化について理解を深める

それから当然、異文化についての理解を深めるということもあるでしょう。これは文化人類学の方法です。これももの知りになるためにやるのではなくて、異文化がもうひとつの人間的なスタイルだとわかるということは、日本人の文化的なあり方はひとつのあり方にすぎないというショックを受けとめることで、日本人はこのままでいいのかということを深刻に考えていくということだと思います。

日本にいる外国人について、きちんと対応する

では、日常生活でどうしたらいいか。いろいろなことがありますが、まず日本にいる外国人にきちんと対応することが重要です。というのは、日本は日本人がいるということしか前提にしていない社会ですから、そこに外国人が現にいるんだということが十分に見えなければ、自分たちの社会の運営の方法に気がつかないわけです。それがきっかけになると思います。

きちんと対応するというのは、制度的に保障するという意味ですから、国籍とか戸籍のほかに市民権という考え方をつくって、五年とか一〇年、二〇年、日本人でない人が日本社会にいる場合に、正当に扱われる方法を日本人が工夫していかなければいけない。これが制度的な帰結です。

市民権というのは基本的な人権に類するものですが、そのほかに教育を受ける権利、公務員になる権利など、社会権に匹敵するものがたくさんあります。こういうものをつくり直していくことは、日本にいる外国人にとっていいことだけれども、日本人にとってもいいことだと私は思います。

日本の社会制度を、国際規格に合うように手直しする

そこで、日本の社会制度を国際規格に合うように手直しするということをやるべきです。大学に関していえば、人事を国際化するとか、入学時期が九月だといいとか、日本で取った単位が外国で使えなかったり、その逆がだめだったりするのはおかしいから単位を互換的にしようとか、すぐできることをどんどんやる。日本政府も、日本独自の論理で動かないようにいろいろやる。企業もやる。地域もやる。そういうことがたくさんあります。

日本人の行動原理を、国際社会に適合的なように改める

制度的な問題でだいたい解決してくるのですが、制度的な問題を解決して問題を発見していこうと思うためには、日本人が今までと違ってこういう問題に注意深くなって、どこをどう直したらいいのか、気がついていかなければいけない。発想の根本が変わっていかないとだめだということです。日本人の行動原理が今まで国際社会に適合的でなかったとしたら、それに注意しようということです。

今までの日本人の行動原理は、自分たちの社会の内側に何か問題があった場合、それをうまく解決しようというものでした。社会の内側は日本と考えてもいいし、地域と考えてもいいし、企業と考えてもいいし、学校やクラス、何局、何部、何課と考えてもいいので

すが、とにかく自分の所属集団に問題があった場合、それをうまく解決するというところに全神経が集中している。日本人はそれが非常にうまいんです。しかし、それ以外のことにはちっとも神経が集中しない。そこには自分が所属していないから、問題がわからないんです。これを何とかしたい。

内側と外側はどう違うか。内側では、問題の所在、状況をだいたいみんな理解していて、価値観、解決方法も共有している。ただ、ちょっとした行き違い、ものの見方、条件の違いでもめているわけだから、そこをうまく調整すればたいてい解決できてしまう。日本人の紛争は、そういうタイプのものが非常に多い。だけど、国際問題は、その前提が怪しいんです。問題の所在や状況が理解されていなかったり、価値観が共有されていなかったりする人たちの間の紛争なんです。そうなると、日本人は誤解の連続で、だいたいこじれて問題をひどくしてしまう場合が多い。そこで、内側の問題解決をしていこうという発想ではなく、外に通じる問題解決を内側でもしていこうという問題を立てないかぎり、国際的に見ると日本は閉じこもりとなってしまうわけです。日本人が問題を解決すればするほど、外を排除することになってしまう。そこで、脱日本的行動原理をとる日本人が増えてこないと、国際化にならないということになります。

それには外国人が日本に来ればいちばんいいのですが、これはちょっと破壊的な面もあるので、日本人が変わるという要素がどうしても必要です。外国人がたくさん入ってきますと、ネオナチ*（ネオ－ナチズム）みたいなものが日本にも必ずできますので、そうならないように日本人が懸命に変わっていくためには、こういうふうに考えればいいのではないか。つまり、内側で問題を考えていたやり方の延長上で実行できるうまい方法です。私はいつもこう考えることにしています。内に閉じないようにするためには、常に外のメンバーが、見えないけれども、そこにもう一人いると考えて行動する、発言する、決定する。どんな会合でも、それ自体、一つの内側を構成するわけです。そんな時、もうひとつ椅子があって、そこに当面考えなくていいことになっているだれかが座っていると考えるわけです。たとえば戦争責任について考える場合、日本人だけで考えてもだめです。そこに朝鮮、韓国の方が座っていると考える。ここにオランダの方、オーストラリアの方が座っていると考えるわけです。そして、彼が何を発言するかということをいつも考えて、ものごとを進めて決定していく。そうすると、日本人だけでも今までと一味違ってくるはずだと思います。これならすぐできる。日本人にとっては、そこに人間がいさえすればそれは内側になるから、彼のことを考慮するわけです。それによって一味違ってくるはずです。これなら明日からでもできると思います。とりあえずこれをやろうというのが提案です。

▼ネオ－ナチズム　neo-Nazism　第二次大戦後もドイツ内外でナチズムを信奉し、その復活をはかる極右運動の総称。統一後のドイツでは、外国人排斥運動の形で勢力を伸ばしている。新ナチズム。

4 さらに具体的には……

日本の国際戦略の構築

これは心構えみたいなことですが、日本政府なり日本国家なりの対応として、ＰＫＯをはじめいろいろなことを迫られていますが、そういう面はどう考えたらいいか。今非常にむずかしい時期にあると思いますが、いくつかのことが言えると思います。

まず日本の国際戦略を構築しようということです。

国際戦略というと外国に攻めていくようにとられがちですが、そうではありません。世の中はこれからどうなっていくから、国際社会の秩序安定のために日本が何をしなければいけないかという責任を自覚する、見通しをはっきり持って責任を果たしていくという意味です。今は見通しもなく、適当にその場しのぎでやっているんですが、それよりもましなことができないかということです。

私が思うに、アメリカの力は弱くなってきているけれども、当分ナンバーワンです。まずアメリカが中心にある。そしてＥＣが大きな柱になる。それと同時にもうひとつ、東アジアが大きな柱になる。アメリカを向こう側からＥＣが支え、こちら側から日本が支える。そういう三つの極のひとつとしての東アジアがあって、日本はその中心になるという位置づけで問題を解決していくスタンスが重要だろう。この体制はあと二〇〜三〇年は続くと思いますので、そういう見通しをはっきり持つことです。

アジアの共通項を模索する（大東亜共栄圏の総決算）

この見通しの中でどういう問題が起こるかというと、いろいろあります。まず、東アジアはＥＣと違って非常にバラバラだということがあります。それにはいろいろな理由がありますが、日本が朝鮮を植民地とし、中国を侵略し、その後始末がついていないからなんです。

どうしてそういう戦争が起こったかというと、共通の地盤がなかったのです。儒教文化圏といいますが、そうではないんです。ＥＣにはキリスト教があるけれども、日本には何もない。東アジアはバラバラです。しかし、そうも言っていられないから、共通項を模索していく必要がある。そのためにはまず障害を取り除くべきで、東アジアの共通項を模索するために、戦争犯罪の決着をつけると同時に、中国、韓国と対話を繰り返していくという戦略をとらなければだめです。日本の地域的な基盤は東アジアにあると思いますから、そのことをきちんと自覚する。

国際機構の設計

つぎに国際的な問題としては、国際政府ができない以上、国際機関によって国際関係を調整していかなければいけないけれども、既存の国際機関は国連を含めてみんな機能不全に陥っています。ですから、新しい国際機関を提案して、そのための費用負担をしていかないかぎりだめなんです。

では、どういう国際機関が必要なのか。

まず地球環境法、特に炭酸ガスの枠組みのために、経済成長の速度とかその具体的なあり方を調整していくことが必要です。つぎに、お金の問題が非常に重要ですけれども、国際金融、通貨、外国援助の枠組みのために、今までのOECD*、世界銀行、IMFに代わって、もうちょっときめ細かで柔軟なものにする必要がある。

▼OECD　**経済協力開発機構**　Organization for Economic Cooperation and Development の略　加盟国の高水準の経済成長、金融・為替の安定維持、発展途上国の援助、世界貿易の拡大などを目的とした国際機構。ヨーロッパ経済協力機構（OEEC）諸国にアメリカとカナダが加わり、組織を拡大・発展させて一九六一年設立された。日本は昭和三九年（一九六四）加盟。加盟国は三〇カ国（二〇〇八年五月現在）。

これをまとめて解決するものとして、譲渡可能排出権構想、いわゆるエコライト構想というものがあります。簡単に言うと、炭酸ガスを出してもいいという切符をつくって、人口割り、国家割り、GNP割りなどで世界中にばらまく。そして、それを自由に売買できるようにする。第三世界は人口割りでもらった排出権を外国に売って、自分の国を発展させていく資金にしようという考え方です。これはむずかしい面もあるんですけれども、今まで提案された中では合理的な方法のひとつではないかと思います。これは一種の再配分ですから社会主義政策ですけれども、社会主義的な国際機構も現実化していく道があるのではないかと思います。

それから、国連があって、軍事や国際条件を束ねていますが、これは改組していく必要がある。五大常任理事国*制は第二次世界大戦の終戦処理の体制のままですから、あまりにも時代遅れです。簡単にいうと、日本とドイツの位置づけが問題になっているわけです。しかし、日本とドイツが再軍備して、原爆を保有して、国連軍の総参謀本部に入るというのは非常にグロテスクなことですから、そこまではやらなくてもいい。とすれば、常任理事国を二段階にして、拒否権を持っていて、国連軍の参謀本部を構成する五大国と、その下にあって、経済的な面で大きくサポートする日独、あるいはブラジルやインドを入れてもいいかもしれません、そういうものに改組すべきではないかと思います。

▼**五大常任理事国**　国際連合の安全保障理事会に、常任の議席を持っている国。アメリカ・イギリス・ロシア・フランス・中国の五カ国。拒否権を行使する特権が与えられている。

こういう問題は非常に緊急の問題ですが、日本政府に任せておかないで、国民のあらゆる人びとが議論すべき問題だと思います。

（一九九二年初出）

日本人はなぜ論争が下手なのか

日本人は、論争が下手である。まずこの事実を、はっきり認識しなければならない。日本人は日頃、日本人とばかりつきあっているので、自分が論争が下手だと気がつかない。そもそも、論争をしようという発想がない。その証拠に、根回しが上手だとか、口がうまいとかいう人はいくらでもいるが、論争が好きで仕方がないという人は見たことがない。

日本人が論争が下手で、論争に関心がないのは、論争をしなくても生きていけるからである。むしろ論争などしないほうが、「あの人は人間が出来ている」などと一目置かれて、社会的な評価が高まったりする。こんな変なことになるのも、日本社会が独特の歴史と文化とを背負っているからだ。

論争とは何かという前提

そこで以下、日本社会のどこがどう独特かを、いろいろ議論したいわけだが、その前提として、論争とは何なのか、という問題をまず片づけておこう。

＊

論争は、単なる口喧嘩や言い争いと違って、一般につぎのような特徴をもっている：

①論争の当事者は、互いの対立を自覚している。
②双方の主張は、公開のかたちでのべられる。
③論争の目的は、「勝利」を収める（自分の優位を証明する）ことである。
④主張が論理的、かつ説得的であったほうが、「勝利」をうる。

ひとことで言うならば、論争は、言葉を武器にした「戦争」である。言葉以外の武器を使わないこと。それに、言葉を使う場合にも、それなりのルールに従うこと。戦争であるからには「勝ち負け」がある。「勝利」をめざして全力をあげるのが、論争を闘う者の義務である。

論争で「勝利」を収めるのは、より「論理的、かつ説得的」に主張を展開したほうである。ただし、論理性と説得性とは、しばしば一致しない。論理的であるかどうかはどうでもよく、説得的なだけの言論は、単なるレトリックである。あべこべに、まったく説得的でない、論理的なだけの言論は、単なる屁理屈である。論理性と説得性とが適切に組み合わさらないと、論争に勝利できない。ただしこれを、どう組み合わせたらベストなのか、手軽な公式はないのである。

言論のことは言論で決着するという原則

言論のことは、言論で決着する。――この原則がいったん定着すると、論争術（言論戦に勝ち抜く技術）が格段に進歩し始める。古代ギリシャ人たちは、ポリス（都市国家）の経営や哲学・数学の難問に頭をひねり、毎日のように論争を闘わせた。三段論法や対話法（弁証法ともいう、相手の矛盾を利用して議論を進める技術）、修辞法（レトリック）、デマゴギーなど、論争のあらゆる技術がこの頃すでに出揃っている。

いっぽう日本人が論争下手なのは、「言論のことは、言論で決着する」という原則を、採用したことがないからである。この原則が成り立つためには、言論と、それ以外のことがら（暴力などの実力行使、人間関係、感情、利害関係や打算など）とが切り離されている必要がある。さもなければ、論理学とか、哲学とか、法学とか、科学とかいった言論のシステムが成り立つ余地がなくなってしまう。歴史を振り返ってみると、日本人はこうした言論のシステムに、あまり関心がなかったことがわかる。それらが日本に紹介されたのは、たかだか一二〇年あまり前のことなのである。

日本は小さな島国で、住民の同質性が高い。そのため、たいていの紛争は妥協すれば解決できた。妥協するのに、原則は邪魔になる。だから、どんなかたちの原則であれ、なかなか発達しにくいのである。

日本は、隣接する大国――中国の文化に、いっぽうで憧れを、またいっぽうで違和感を抱いてきた。中国には、正統なテキストを編纂し、それを読解する伝統（儒教の伝統）がある。また、独特の論争術も発達している。日本は中国から、文字もテキストもまるまる移入した。けれども、もっとも根本的なところで儒教の伝統を受け入れなかった。その結果、中国流の論争術は、日本に根づくことができなかった。

また日本は、西欧文明を近代化のモデルとした。そしてその、科学技術や社会制度を移入した。西欧文明は、キリスト教を基盤としている。科学技術も社会制度も、この基盤のうえに形成されたものである。しかし日本は、キリスト教を受容しなかった。そのため、キリスト教に付随する論争術も、受容できなかったのである。

キリスト教と、儒教。この二つは、異なった文明の異なった言論のシステムを代表している。日本はこのどちらからも、論争術を学ばなかった。また、それ以外の文明からも、学ばなかった。日本人が論争が下手なのは、要するに、論争の必要性も、論争の技術も、論争の経験も、欠けているからなのである。

それでは、キリスト教や儒教は、どのような論争術を発展させたのだろうか。順にそれを考えよう。

キリスト教の論争術の特徴

キリスト教の場合、「悪魔」の観念がもっとも重要である。

唯一神が世界を創造したと考えると、この世の悪をどう説明するかがむずかしい。悪も神がつくり出したと考えるか、それとも悪を別の誰か（たとえば悪魔）がつくり出したと考えるしかないからだ。ユダヤ教（『旧約聖書』）にはもともと、悪魔の考え方はなかったが、キリスト教には、いつの間にか悪魔の考え方が根を下ろした。これは、この世を善／悪の対立ととらえる、ゾロアスター教が姿を変えてもぐりこんだのではないかと言われている。一神教の枠組みで悪を理解しようとすれば、「善の欠如」と定義するのが神学的にいちばんすっきりしている。しかし、一般民衆も、また異端審問に熱狂した宗教裁判所も、悪魔の存在を信じて疑わなかった。キリスト教は、打倒すべき敵、究極の反価値として、悪魔を知っているのである。

悪魔の特徴をまとめておこう。まず第一に、悪魔は人間でない。もとは天使で、神を賛美していたが、神に背いたため地獄に堕とされたという(堕天使。ちなみに、神も人間ではなく、別種の生き物。キリスト教は、神／天使／人間という、三種類の知的存在を想定している)。第二に、悪魔は、人間と契約を結ぶことができる。これは、神が人間と契約を結ぶことの裏返しである。第三に、悪魔は、神と違い、さまざまに姿かたちを変えて、人間社会のいたるところに出没する。彼らの目的は、あらゆる機会をとらえて神に反対し、人間が神に救済されることを妨げ、人間を神に背かせることである。

ルターは、悪魔の存在を信じていた。カルヴァンはもっと徹底して、悪魔を抽象化し普遍化した。カルヴァンによれば、人間はどうしようもないほど罪深く汚れており、よいところが少しもなく、神の助けがなければ何ひとつ正しいことができない。人間は人間を信じてはならず、神を信じなければならない。宗教改革は、人びとが互いを悪魔と見なす視線を、人びとのあいだに強固に張りめぐらした。

キリスト教の信仰は、悪魔との論争を通じてその正しさが証明され、鍛えられる。それは、宗教改革の発明でなく、もともとキリスト教の出発点だった。福音書の伝える荒野のイエスは、四〇日もの断食のあと、やって来た悪魔と論争する。悪魔は言う、「お前が神の子なら、石をパンに変えてみたらどうだ」。イエスは答える、「『人はパンだけで生きるのではない。神の口から出る一つひとつの言葉で生きる』(申命記8-3)」。悪魔はまた言う、「お前が神の子なら飛び降りたらどうだ、『神が天使たちに命じると、お前の足が石に打ち当たることのないように、天使たちは手でお前を支える』(詩篇91-11)とある」。イエスは答える、「『お前の神である主を試してはならない』(申命記6-16)とも書いてある」。悪魔もイエスも、聖書を引用して議論する。イエスは悪魔との論争に勝ち、悪魔(サタン)を斥けた。そうである以上、イエスが神の側にあることは明らかだ。これは、イエスが神の子であることの、間接的な論証になっている。

イエスと悪魔との論争から出発したキリスト教。その論争術は、つぎの特徴をもつ。

①権威あるテキスト——聖典——に正しさの規準をおく。

②テキストを引用し、解釈し、論理展開する論争の主体は、あくまでも個人である。

ユダヤ教やイスラム教は、テキストのほかに、伝承(ユダヤ教のミシュナー、イスラム教のハディース)の権威を認めている。これらは、人びとのあいだを集合的に伝わったものなので、論争は学統主体となり、個人を析出させにくい。これに対して、キリスト教はもともと個人救済の宗教であるうえ、聖書の権威を極端に重視する(律法や儀礼や伝承の権威を認めない)ので、神—テキスト—個人がストレートな関係に置かれる。そして、①、②のテキストを、「観察可能な事実」に置き換えると、キリスト教の論争術がそのまま、実証的な学問（自然科学）の言論のシステムに変成するのがわかるだろう。

政治の影響を受ける中国的言論のシステム

それでは、中国の言論のシステムはどうであろうか。

中国でも、「言論のことは、言論で決着する」という言論のシステムが、いちおう成立した。しかしそれは、完全ではない。というのは、中国的な言論のシステムは、社会の他の部分から完全に独立しておらず、政治のシステムから影響を受けるからである。

中国の論争術も、権威あるテキストに正しさの規準をおく。けれども中国の場合、一神教が成立しなかったため、その「権威」は政治的に、つまり社会的プロセスを通じて、決定される。儒教の基本テキストが確定したのは、秦漢帝国の統一と無関係でなかったし、その権威は、政治情勢が変化するたびに、再確認されなければならなかった。このため、中国の論争術は、いちじるしく政治的な色彩を帯びる。キリスト教では、正しさの規準は神（社会外的な不動の原点）にあると信じられている。政治権力に対する個人的抵抗が正当化できる。これに対して、中国では、正しさの規準が政治的に変動しうる。そこで論争では、自分を正当化できる政治的文脈（実力者の応援がある、類似の先例がある、……）をいかに援用するかが、ひとつの重大なポイントになる。

中国のテキストは、権力の効果を凝集したものである。権力は、テキストを固定することによって、その永続をはかる。これが歴史（正史）であり、また古典である。いっぽう権力は、テキストの効力によって束縛されることを望まない。法の支配（法治）がなかなか成立しないのはそのためである。

中国でもたしかに、「言論のことは、言論で決着する」。だがそれは、人びとがそれを支持する政治的文脈を受け入れたためである。ただしそのことは、明確に言及されない。言論のシステムが独立しているという外見は、権力にとっても、言論を展開する当人にとっても、有利なことなのだ。

こうして、中国の論争術は、政治力学に対する（過度に）鋭敏な感覚を要求する。これは、異質な他者たちが共存を強いられ、文化的に同化しきれないまま主導権を争い続けた数千年の歴史の産物である。こういう、他者に対するしたたかな感覚は、日本人に真似のできないものである。

他者を見失った日本人

日本人は、中国から漢字を学んだあと、「権威あるテキスト」の編纂にかかった。その目的は、朝廷（天皇の政権）を中国の王朝になぞらえて、正統化することである。けれども、出来あがった『古事記』『日本書紀』は、中国のテキストといくつかの点で異なっている。まず朝廷の征服事業が、神話的な古代のもやに包まれ、歴史的な事実であるのかはっきりしない。これは、当時から日本が、異族の共存を意識していなかったか、意識させたくなかったことを意味している。つぎに、このテキストは、いかなる意味でも人びとの生活を羈絆《きはん》しない。儒教のテキストが、中国人の行動原理を与えているのと、好対照である。要するに日本人は、社会を自然に運行させておけばよいと考え、それ以上の、相対的に独立した言論のシステムを立ち上げなかった。

それでは、異族としての他者たちを見失った日本人は、個人としての自己に対する他者を見出したろうか？

キリスト教は、悪魔の観念によって、同じ民族、同じ社会、同じ集団のなかの自己と他者のあいだに、鋭い分割線を引いた。これは、キリスト教がもっていた本来の可能性の、発展形態である。いっぽう日本人は、同じ仲間である人と人とのあいだに、このような絶対の分割線が引けるという発想を、どうしても受け入れない。人間は同質で、「腹を割って話せばどんな紛争も解決できる」が、日本人お気に入りのイデオロギーである。

悪魔は、他者を、そして自己の内部の邪悪な部分を、徹底して異化する視線に対して与えられた名前である。この視線は、論争によって闘うべき他者を発見する。そもそも論争とは、自己と他者を、互いに対立しあう両極とみとめ、そこで勝利をうるためのよく組織された言論活動だった。論争は、自分が訴えかけるべき他者についての、ありありとしたイメージがあるときに始まる。(邪悪な)他者についての想像力を欠き、それどころか、自己と他者の区別さえはっきりしない日本人に、論争ができよう道理はない。

論争は学びうる

幸か不幸か、論争は学びうる。少なくとも、科学を日本人がどうにかこなした程度には学びうる。気がつけば、日本は国際社会のなかで、まさに他文明に取り巻かれているではないか。日本人が他者を発見しようとしまいと、先方はとっくに日本を、他者として見ているのだ。すでに論争は始まっている。賢明な日本人なら、論争のルールをいち早く理解し、少なくともルール違反で退場にならない程度には、論争の訓練にとりかかるべきではないか。

(一九九四年初出)

日本人はなぜ危機意識が足りないのか

危機とは何か。

危機の反対概念である、日常との対比で考えてみましょう。日常とは、予測可能な範囲で、繰り返し起こる事態、と言うことができます。それに対して危機は、生起するとその影響がたいへん大きい事態、と定義することができるのではないでしょうか。しかし、生起する確率が極端に小さいものや、被害が極端に大きなもの（たとえば、人類が全滅してしまうもの）は、危機とは言えません。

危機の問題を考える際に、日常との関係で考えておかなければならないことは、組織の問題であると思います。

組織とは、人びとの相互作用をある予測可能な定常的パターンの範囲内にとどめ、日常の業務を効率よく行なうための機構です。組織は、日常の業務を行なうのに適しているのですが、予想を超えることがらに対応するのは不向きです。そこで、われわれの所属する集団が組織化し、組織としての効率を高めれば高めるほど、皮肉なことに、危機に対応する能力は不断に低下していく、というトレードオフ（あちら立てればこちらが立たず）の関係が生まれるという問題が起こるわけです。これは放置できない。このためふつうはどうするかというと、大変逆説的に聞こえますが、危機対応の専門組織をつくるわけです。これは、どこの国でも必ずやっている。普通の組織はいわゆる危機に対応できないため、普通の組織が取り残してしまう危機に対して専門に立ち向かう組織をつくるわけです。

ここで危機と言われていることが、組織ごとに違うのだと考えるべきだと思います。たとえばマクドナルドで「うどん、ください」と入ってくるお客さんは、予測されないので、危機の一種です。しかしそれは、警察にとっては危機ではないんです。「向こうへ行ってください」と言えばすむ問題です。それでは、ガラスが割られたとか、犬が入って来たとかとなると、どういうことになるか。泥棒は、マクドナルドにとって危機であり、社会にとっても危機です。それは反社会的行為です。しかし、それには、マクドナルドは対応しなくてもいい。それ専門の組織が対応します。

危機に対する専門組織とは

そのような、危機に対応する専門組織には少なくとも二系統あるだろうと思われます。

まず第一の系統は、警察・消防・保健所といった政府機関です。このような政府機関は、内政問題のうちの特殊専門的な事態に対応します。たとえば犯罪、火災、疫病などです。これらは分業している点が特色であり、また、国内法によってコントロールされるという共通点があります。

これと系統が違うものに、軍隊があります。

軍隊は危機管理能力が、警察・消防・保健所に比べて格段に高い。なぜならば、軍隊は国外で行動することが前提になっているから。国外では、国内と違って、通常の法律や連絡手段に頼ることができません。そこで軍隊は、独自の輸送手段、独自の通信手段、独自の指揮系統、独自の法律を持っている。軍法もあります。それから裁判権も持っています。たとえば国外に駐屯し、ある地域を占領し、そこに軍政を敷きます。占領地では、原則として、民生を安定するための治安維持活動をします。保健所・警察・消防のような機能をすべて軍隊が行なわなければならないわけです。

軍人は、戦闘時においては指揮官ですが、平時においては行政官として、あらゆる問題に対応する。つまり、危機管理のプロであることが、軍隊の特徴です。統治行為全般を担当するという点で、個別の内政問題を担当するだけの警察・消防・保健所とは違うわけです。

ここで問題なのが、自衛隊です。自衛隊は軍隊なのか、軍隊でないのか、という問題があります。

自衛隊は法制度上、戦闘力のことは別にして、警察とほとんど同じです。自衛隊法という国内法によっていますが、他のたとえば都道府県条例とか道路運送法という国内法に照らしてみて、例外規定がほとんどありません。原則としてそれらの国内法に従いつつ行動するわけです。これが軍隊なら特別の規定がない限り、勝手に行動してよいわけです。たとえば戦車が戦闘行動中に民家を踏みつぶしても、まったくどこからも文句は出ないわけです。しかし、自衛隊の「特車」は戦車ではない。特車は一般の車両で、戦闘行動中、自衛行動中に民家を踏みつぶすと、不法行為になってしまうのです。そういう面で、自衛隊を危機管理のために出動させるとどうなるかで問題が起こるんです。

以上の点をまとめますと、危機に対応する専門組織をつくれば、他の組織が対応できない危機に対応できます。けれども、自分も組織ですから、やはり予想せざる事態から自由であるわけではありません。たとえば軍隊であれば、兵隊が反乱してしまうとか、大勢の兵士が伝染病にかかるとかいろんなことが考えられる。その種の組織に内在する危機に対しては、このような危機管理に対応する専門組織といえども対応できない。こういうことがあります。

なぜ日本人は社会的危機意識が低いのか

それでは、日本でこのような議論が種々なされてきたか。ちっともなされてこなかったのです。

これにはいろんな理由があります。たとえば日本には、正規軍が存在しなかった。幕末維新の頃までの正規軍はどのような組織だったか、これはなかなかむずかしい問題です。ヨーロッパ流に法秩序で考えることがなかなかできない。

よく考えると、江戸幕府の体制といえども、律令制度によって運営されていたわけです。律令制度においては正規軍が、その制度の中にあるんです。しかし、実際には編成されない。解散してしまった。健児*や左右の衛士府*だとか、奇妙な組織によって機能代替されてしまうんです。最終的には武士が出て来て、北面の武士だとか何だとか称し、正式な機関でない院政という妙なものをつくる。その中で建物を警護するという特定の役目をしたりした。その後、征夷大将軍という職ができますが、これも令外の官*で、律令制の正規の官職ではありません。このように実際上、武士が武装して軍隊として行動しているわけですが、国家統治機構の中に位置づいていないという変則的な状態がずっと続いていたわけです。

▼**健児**（こんでい）　古代の兵制。延暦一一年（七九二）諸国軍団兵士の廃止にともない、正規の国衙（こくが）守備軍として諸国に設置。郡司（ぐんじ）などの子弟を中心に構成。
▼**衛士**（えじ）　律令制下、諸国の軍団から交替で上京し、宮城（みやしろ）の警備にあたった兵士。御垣守（みかきもり）。
▼**令外の官**（りょうげのかん）　律令制下で、令制の規定外に新たにおかれた官職や官庁。内大臣・中納言・蔵人・検非違使、摂政、関白など。

ですから日本は、軍隊の文化というものが、十分追求されてこなかったのです。ヨーロッパとかイスラム圏とか中国に比べても大変奇妙なことです。中国では武官／文官は明確に区別されていて、文官が官僚としては上位であった。そして、ある種のシビリアン・コントロールが成り立った。しかし日本の場合は、軍人（武士）がすぐさま統治権者、政治家になってしまうということが自然に起こるわけです。これは、大変独特なシステムであると言えるでしょう。

なぜそうなのか。順番に考えてみますと、まず、危機には、自然的危機と社会的危機とがある。

日本の場合、社会的危機が大きくなかったと言えると思います。その証拠はいろいろあります。都市国家が成立しなかったということです。

古代になりますと、だいたいどの文明圏も都市国家の段階を経る。都市国家にある部族が移り住み、定住段階に入り、部族の編成を保ったまま貴族制になったり王制になったりします。都市すなわち国家、という段階を経由する。形態的な特徴としては、都市の周りに城壁があり、外敵の侵入に備えるという特徴があります。都市国家はだいたい農耕段階で、穀物や水などのライフラインを内蔵してるわけなんです。そうやって自分たちを守っていった。これがだいたい普遍的な形態で、四大文明、そして新大陸も含めて、全部都市国家があるわけです。

しかし、日本に限って、都市国家の段階はなかった。これは大変おもしろいことです。『都市社会学』を書いたマックス・ウェーバー☆も「日本は例外である」と指摘してます。この事実は重要です。近隣を見てみますと、たとえば中国は、やはり立派な都市国家がたくさんあります。それどころか、万里の長城のような防衛施設もつくっています。それだけ社会的危機（戦争や侵略）を十分に意識しなければならない社会であったわけです。

都市国家は定住民の防衛施設であると考えられます。この防衛施設の建設コストを考えてみると、大変なものがあるのではないでしょうか。昔のGNPで考えてみても、おそらくその半分かそれ以上の厖大《ぼうだい》な建設投資を行なって、都市の周りを囲み、さらに外側に万里の長城のようなものを建設するわけです。なぜそこまでコストをかけるか。そのリスクが十分高く、そしていったんそのリスクが現実化した場合の被害の度合いが極めて高い。民族全滅戦が前提なんです。聖書（バイブル）や、中国の古い歴史書などを読んでも、都市はいったん征服されると大部分の住民は殺されてしまう。農地はとられてしまい、異民族の支配下に入り、運よく生き残った者も奴隷になるわけです。戦争に勝ち残らないとどうしようもない。最大限の力量でリスク管理をしていくわけです。しかし、日本には、そうした社会的危機の意識が非常にわずかだった。日本人の中にもいくつかの民族系統があったと思われるのですが、相互殺戮戦という形での対立はなかった。また、日本にもさまざまな城郭がつくられました。日本書紀や古事記の中にもいろいろな城郭設備の記述が出てきてます。江戸時代までずっとそういう設備がつくられます。しかし、その大部分はいわゆる砦《とりで》型で、純然たる戦闘施設が多い。たとえば楠木正成☆の千早城は険しい山の上にあり、難攻不落ということになっています。けれども、別にそこに住民が住んでいるわけではなくて、戦略的要衝に過ぎないわけです。その後、だんだん都市型の平城が出てきます。特徴としては、一般民衆の居住地からちょっと離れた小高い丘に立っている。戦争になると、住民は、都市国家の場合は都市国家の城壁の中に逃げ込んで全員一致で守るんですが、日本人の場合はどこかへ逃げてしまう。そして、戦争が終わると戻ってくる。どっちが勝っても元の生活はできるわけで、一般民衆の中立が保証されている。こういう形の戦闘です。

つまり、日本の城郭は、都市防衛機能を持たない。都市は逆に、そういう戦闘行動とは無関係に存立できるわけです。それは、都市国家型の都市ではない。これが、日本の社会的危機の不在の一つの理由ではないでしょうか。

日本は恒久的建造物をなるべくつくらないようにしていた

二番目に、自然的危機は、多くの場合一過性です。一過性とはどういうことか。中国の場合、同じ洪水でも、政治のあり方と関係がある。堤防建設がうまくいかなかった結果だ。人為的な要素によって災害をコントロールできるという部分があるのです。しかし日本の場合は、そういう要素が極めて少なく、台風、地震、火事などを防ぐことが困難なのです。防ごうとするとあまりにコストが高く、そのわりには被害が一過性ですぐ収まってしまう。何も手を下さず、傍観していたほうが、結果的に賢明だというタイプの自然災害が多いのです。

ここでえられた教訓は、恒久的建造物・建築物をなるべくつくらないようにしようという対策ではないかと思うんです。私は江戸期にどういう建物が建っていたか詳しくないのですが、ヨーロッパの都市であれば二〇〇年、三〇〇年保つような建造物はいくつもある。日本の場合、江戸城天守閣が炎上してしまった後も再建もしない。天守閣は恒久的建築物かどうかはおくとしても、その他に別に図書館があるわけでもなく、執政府があるわけでもなく、そうした公共的恒久建築物がつくられた形跡がない。また、地方に目を転じますと、いわゆる一国一城制があり、江戸幕府が成立する以前にあった各国の城、城郭と思われるものは一カ所に限定し、それ以外の設備は全部破壊して平らにしてしまうということがありました。大きな構築物というのは寺社仏閣を含めて、戦闘施設になる可能性があるので、戦闘施設になりがちな石造建築物はつくらないことに決めてしまっていた。

さらにさかのぼりますと、寺社建築を含め、日本の多くの建物は木造建築です。これは日本に木が多いということかもしれません。そのモデルである隋唐期の中国は、まだ森林資源が豊富にあったんでしょうが、いま行って見ますと木なんかほとんどなくて、石か煉瓦しか建築材料がない。当時はまだ木がたくさんありましたので、大部分の建物は木でつくっていた。木があれば、木がいちばん安いわけです。その時期の建築様式を日本が模倣して、以後ずっと真似していたので、大規模建築物は全部木でつくる。そのため、自然災害等の関係で燃えてしまったり壊れてしまったりする。こういう文化になってしまったのではないかと思います。中国がもう一〇〇〇年ぐらい早く文明が開けて、日本が模倣する段階で煉瓦しかなかったとしますと、日本人は苦労して煉瓦をつくって、煉瓦の寺社をつくったと思いますが、幸か不幸か、そうはならなかった。

日本には官僚制軍隊が存在しなかった

三番目は官僚制軍隊の未発達ということです。律令制をせっかく真似して軍制を敷いたのですが、この軍隊は弱くて、すぐに解体してしまう。その代わり、豪族の子弟であるところの健児が軍隊にすぐとって代わる。結局、それもさらに解体して、同族団的・共同体的結合による武士団が登場する。それが後の家制度に発展していくわけです。

官僚制的軍隊が存在しないのはなぜか。それは、官僚制や官僚国家は抽象的な存在で、日本人はそのようなもののためには死ねなかったからです。日本人が死ぬのは、一族一門とか、源氏とか平家だとか、自分の所属する血縁集団のためである。戦争は命がけの行為ですから、自分が信じているもののためにしか、なかなか戦闘意欲が湧いてこない。日本人は律令制というのを十分理解できなかったために、そういうもののために死ねなくて、武士団という共同体（家）をつくって、それを単位に戦闘行動をした。

この家が、日本人の危機管理のコアになったと思います。自分の所属する集団——いちおう、仮に、共同体と呼んでおきます——が危機に見舞われるので、その存続のために自分が命をなげうつというパターン。これが、社会防衛ないし意思決定の基本単位です。

するとこまったことが起こる。自分の所属する集団はあっちこっちにあって、お互いに無関係に存在します。それを国家としていかに組織するのかという点が問題になってくる。

例をあげて考えましょう。赤穂浪士の討ち入りがありましたが、赤穂浪士は自分が所属している直接の集団、つまり浅野家（ないし赤穂藩）に自己一体化をした。その危機のために自分の命をなげうって吉良に対抗する。これは、国家の法律レベルでは反逆罪になるわけです。しかし同時に、君主に対して忠義である。そういう大変な矛盾が起こるのです。江戸幕府のレベルでは、赤穂浪士が逆賊なのか忠義の士なのかを決定できない、そのような複雑な構造になっています。似たようなことは、いまでもある。ゼネコンか何かが大きな汚職をした場合、会社を守るために秘密を抱いて自殺したり偽証したりするのが正しいのか。それとも国家の法律を守るのが正しいのか。いつも繰り返されるモラル・コンフリクトが生じるわけです。

共同体が防衛の基本になると、どうなるか。

共同体は一般に役割が未分化です。あるいは、役割がチェンジャブル（交換可能）です。誰がどの役割をこなすかが事前に明解でない。一種の有機体です。そして、面識関係にある顔見知りの関係が非常に重視され、職務権限が曖昧です。自分の職務が何であるかは、その中で「あうん」の呼吸によって感じ取るということが必要なんです。そのため、職務権限を十分明確に事前に知っておくということを、あまり好まない傾向がある。そうすると、危機管理の際、誰が責任をとるかを大変マニュアル化しにくい。

もうひとつ、共同体の場合、その組織の目的が一般に明確でない。米国の企業組織であれば、株主に大きな配当を与えるという資本主義の原則が、組織の存在理由です。会社は株主のものである。経営者は配当をするということで、その職務は大変明確です。日本の多くの企業組織は、株主の権限が極めて弱いために、配当はそっちのけ、その組織の存続が最重要になります。組織の存続が大事なら、企業規模が拡大してコストが増えて、みんなが出世できたりすることがベストになるのです。そうすると企業シェアさえ拡大していけば、配当は別に低くても構わない。こういう行動様式になります。つまり、一種の共同体に変化するわけです。

目的が特定されない組織は、つまるところ、組織の存続を至上命令とせざるを得ません。その存続が危機的な状態になると、これがいわゆる危機というものになります。

日本人は多くの近代組織を作りました。しかし、その組織との一体感という点に関して言えば、結局、家制度のモラルを持ち込んでいる傾向が強い。自分の所属する集団、共同体を防衛すること。それを自分の行動決定の基準としているわけです。

そこでたとえば、軍隊でありながら、特攻隊のような現象が起こります。特攻隊は、正式の命令ではなく、自発的に行なったことになっています。軍隊が一種の共同体と見なされていて、自分の所属する集団の忠誠のために自分の命をなげうつ。欧米では考えられない戦闘スタイルなわけです。それから軍隊は内務班（一つひとつの小さなグループ）があって、初年兵を古参兵がぶっ叩いたり、いろんなことがあるわけなんです。そこの内部の結束が、軍律とか正規の軍隊の秩序よりも優先するという、独特な構造を持っている。この構造が、補給がなくても何カ月もジャングルの中を歩き回るとか、信じられないような日本軍の強さの秘密になっている。

終末論的意識が排除された日本文化

四番目に、以上のような文化伝統の中で、危機を意識することを正当化するようなバックボーンがなかったのではないか。

これは、終末観の不在ということです。キリスト教、イスラム教、ユダヤ教のような一神教は、やがて大きな災害が起こって、いまの通常の状態を打ち切られて、異常な状態、危機的な状態になる。そこで神の最後の審判が下ったり、社会が破滅したりするのだということを常に意識していることが奨励されるわけです。これは宗教の基本です。

たとえば最後の審判、これは三大宗教に共通です。ハルマゲドン。これはヨハネ黙示録の中にあるわけです。それから創世記の中のノアの洪水（これは自然災害の一種です）。その他にも破壊と再生のストーリーは、ソドムとゴモラをはじめ多数あるわけです。こういうものを日々読んで、常に現在の問題として考えている。これが一神教的な考え方では奨励されているわけです。そこでは、自然の中に秩序があって、われわれの都市生活、社会生活が安全に保たれるのが正しい姿である、というふうに思ってはいけないとされるのです。

日本人の場合、自然と都市は放っておけば調和するものである、という考え方です。ですから、出発点は、自然宗教的汎神論になっている。祟り神なども ありますが、原則として神様は自然にやさしく、人間にやさしく、私たちのことを考えてくれている。そこに仏教が入ってきました。仏教にもいわゆる最後の審判のような考え方はなく、また破壊と再生というストーリーもない。どこまでもだらだらと続いていく輪廻なわけです。そして、それが汎神論と混習し、神道と合体してしまう。これが日本人の宗教的ベースです。そこに、終末論的なキリシタンや、浄土宗の中でも終末論に比較的近い一向宗*が勢力を伸ばしそうになりましたけれども、慎重に排除されてしまった。

▼一向宗(いっこうしゅう) 一向に阿弥陀仏をいのる、の意。浄土真宗の別称。

日本人の宗教倫理、道徳倫理、文化的背景の中から終末論に当たるものは慎重に取り除かれています。それはどういうことか。終末論を排除するのは、自分の所属する集団(共同体)を上回る何者かがある、自分の所属する集団が潰される可能性がある、ということを考えないようにすることです。自分が所属する集団が、結局いちばん大切だということになります。それは共同体原理になる。

共同体原理の中では結局、誰に責任があるのかが大変不明確になります。

共同体そのものは個々人を超えた存在である。それが存続していくことが目標になれば、そのために、個々人が合理的に行動することが評価されるというレベルがなくなります。キリスト教、イスラム教は個人救済の宗教であって、この間に立つ集団を排除します。ですから、一人ひとりが神の前に立って、そして一人ひとりの行動が試されるわけです。その責任を問われるわけです。もしその間に共同体があれば、絶対的な規準によって個々人の行動をチェックするメカニズムがなくなり自分の責任が明確に浮かび上がってこないことになります。

これが一応、日本人の危機感の文化的ベースではないかと思います。

危機管理とは何か

それでは、危機管理とは何か。

私の考え方では、それは、最悪の状況でも最善の行動をすることです。

普通の状況や、最良の状況で、最善の行動ができることは望ましいわけです。しかし状況はいろいろあり、コントロールできません。すると、最悪の状況が起こってしまった場合、結果は思わしくないことが多いのですが、そんななかでも最善の反応、行動をすること。危機管理はたぶん、最悪の状況でも最善の行動をするというのが、最低線になるのではと思います。

何が最善かは、状況に応じて違うわけです。最悪の状況とそれほどでない状況では、結果を一律に評価することはできない。

つぎに、最善であったかどうかは、結果はひと通りしかないのですから、実はよくわからない。そのため、とりうる行動のなかで最善と言える行動だったかどうかは検証する必要があります。それ以上の手段はなかったのかどうか。それを後始末として考えてきちんと次に活かしていく。そのプロセスがなかったら危機管理とは言えない。ただ闇雲に最悪の状況でめちゃめちゃに行動したのに過ぎなくなるわけです。事後に、最善であることを検証し証明していく手続きが不可欠だと思います。

たとえば台所で、フライパンの油に火が入り天井に燃え移った。かなり(最悪かどうかは知りませんが)ひどい状況です。この時にいろいろなやり方があります。水をかける。雑巾を投げつける。すぐ外に飛び出して、消防署に電話する、とかあるわけです。そして後から、それが最善であったかを検証していく。そして、検証できるような最善の行動をこの次とれるようにするということが、たぶん危機管理です。

さてここで、最善の行動の規準を考えてみます。まず最悪の状況は、かなり時間的進行が急なわけです。そこで時間をかけずに素早く行動しているという点が、ひとつのポイントになります。通常の状況であれば、通常の手続きで意思決定をして十分間に合うわけですが、たいていの場合はそれでは間に合わない。そこで素早く行動できるという点がひとつの規準になる。素早く行動できないなら、最善でない行動です。

次に、結果として、十分に時間をかけて手を尽くした場合と大差のない結果を収めている。これは結果論ですが、大変重要です。時間をかけないで、十分に適切に行動できる。これが最善だと思います。

これはむずかしいわけです。むずかしいですが、もし何か手を打てるとしたならば、これは事前に通常の手続きの中で、最悪の状況が出現していない段階で最悪の事態を仮に想定し、どのように行動するかのマニュアルを用意する。実際にその訓練も行なってしまう。こういう方法が考えられます。

これが、組織として対応できる一般のやり方であって、アメリカ流の危機管理術は大体こうなっていると思います。これをあらゆる組織で実行する。これがいわゆる危機管理でしょう。

しかし、これにはまずコストがかかります。そのためコスト・メリットの計算が必要になる。ごくたまにしか起こらず、被害の影響も小さいことに関しては、コストをかける必要はないわけですから省略してもいいでしょう。しかし、発生確率が高く被害が大きければ、コストをかけなければならない。

私たちは、この危機管理に、一貫して抵抗感を持っていたのではないか。

この抵抗感の実質を考えると、いくつかあります。まず、通常の手続きを省略する。これは時間を節約し素早く行動するために必ず必要なことなのです。しかしこの、通常の手続きを省略することに対する抵抗感があった。それは、日本の組織の場合、通常の手続きを省略しないことによって、それぞれの組織の存在と既得権が主張されているからです。この既得権をスキップするとしたら、その組織のある部局の存在理由がなくなってしまうということを意味するわけです。そのため、すべての組織が抵抗すると考えられる。

またこれは、一人ひとりのレヴェルの問題かもしれません。危機や通常でない状態を明確に意識することに対する抵抗感があります。自分の所属する集団（共同体）は、通常の状態を念頭して、みんなで一緒に対応しようという連帯感で維持されているわけです。そのため、危機的な状況を意識すると、この組織の存在理由が問われることになるわけです。それは、この組織の親和性・連帯感に水をさす行為になってくる。そこで、無意識のうちに、このことはなるべく考えないようにしようという心理的操作が働くのではないか。これらの理由によって、一人ひとりがそういうことをなるべく言い出さないようになる。誰かが言い出すと、それは手続きの省略につながり、強権発動になるのではないかなどと、抑える動きが出るという組織文化がある。

日本の組織文化がもともとトップダウン型でないという点が、この抵抗感をさらに強めていると思います。

欧米の組織はだいたいトップダウンになっているわけです。中国の組織も、ちょっと違うのですが、トップダウンになっている。日本の組織だけが、特にトップダウンでないように思えるのです。

中国について考えてみますと、中国は何回も軍事的に征服されているんです。軍事的に征服されると、トップダウン型になるんです。明や清や国民党や共産党を考えてみると、軍事的にある国家を征服して、その上にトップダウン型の国家権力機構をつくる。そして原則として、下の意見を集約して上にあげることよりも先に、上の方針をいかに下に伝えるかを最重視するんです。

欧米の場合、民主主義的にできていますから、下から上へあがっていくという要素もあるため、多分にことが見えにくくなっています。しかし、ヨーロッパの中世を考えてみれば、軍事政権であるという性格が明らかです。そして、民主制の場合にも、行政権がトップダウンである点は明確です。

ところが、日本は、そういう軍事的征服によってできあがった強権的な政府によって統治された経験はほとんどありません。明治政府、それから連合軍の占領がありますが、連合軍の占領も間接統治で、自治権を認めてくれたわけです。とにかく日本では、トップダウンはよくないというのが共通了解になっているわけです。

また、日本は、法の支配が不徹底である、あるいは契約が不在であるとしばしば言われます。法とは、人びとや組織の行動を、言語によって記述しコントロールすることです。しかし日本人は、こういうことへの抵抗感があるんです。こういうふうなことが仮にできたとすると、自分の所属する集団が共同体でなくなってしまうのではと思うんです。要するに、隣の集団や向こうの集団も、国中の集団が一律の規準によってコントロールされてしまうということになるんです。しかし、自分の属するこの集団は、この集団独自の特別な性質があるのだから、例外であってほしいと思っています。そのため、法の支配を排除する方向に働く。法の支配や契約を排除しようという傾向が生まれます。そうすると、危機を記述するのが非常に困難になる。危機という言葉すらないというふうに考えられています。

たとえば戦争中の日本の軍隊を考えてみるといいのですが、軍隊が決死の戦略とか戦術とか、そういう演習を行なったとすると、負けたらどうなるのだろうということも考えなくてはいけません。負けるということを考えることは、軍隊では心理的に抵抗があるわけです。負けるということを考えると、本当に負けてしまうのではないか。それはよくないので、負けるということは考えないことにしようと、こう考えるんです。

阪神・淡路大震災の折に野田正彰☆さんが『災害救援』という本を書きました。その本に、戦時精神病の話が紹介されています。欧米の軍隊組織は、戦闘行動をすると、かなり極限的な状態ですから、一定の割合で軍人が戦争神経症とか精神病とかになると想定しているわけです。その場合、どういうふうに病院に移送して、どういうふうに手当てをしてどういうふうに復帰させるか、戦時学のマニュアルがあるんです。ところが、日本の軍隊は、「皇軍の兵隊はそんなに弱くないので、勇気を鼓舞し、そして天皇陛下のために戦えば、精神病なんかになるわけない」という前提で営まれるんです。科学的にどれぐらいの割合で戦時神経症が発病するかとか、実際に病気になってしまったらどうしたらいいかという系統の研究が全然ない。予算もない、施設もないということになります。それでも実際には、戦時神経症が現れてきます。そうすると、日本の場合、放置されるわけです。もし発病したのが指揮官だったとしたら、とんでもない結果になる。そういうこともまったく考慮されていないわけです。

それは、一種のリアリティの拒否である。「今、そこにある危機」というフレーズが映画で有名になりましたが、危機は想像力の問題で、そこに今あるわけです。その「今、そこにある危機」を見ない。そういう危機を記述する言葉が非常に乏しい。共同体型組織をつくっておきますと、こういう傾向になるのではないか。日本の危機感のリアリズムの欠如は、そういうものと関係があると思うんです。

これは、どこまでさかのぼったらいいのかよくわかりませんが、たとえば日本文学（詩歌、小説）は、個人のフィーリングを表すという点は大変いいんです。いっぽう、歴史ということになりますと、これは客観性がなくてはいけない。日本人は歴史を書くのは大変に不得手で、不正確なものがいくつか書かれたに過ぎない。哲学、論理学、科学、などの系統の文章は極めて少ないわけです。それは、言葉を公共的に使った場合、おそらく個人責任で言葉を発する以前に、集団の合議でこれぐらいのことを書かなくてはいけないというような制約が多いからだと思います。たとえば、会社で文章をつくって回す場合に、この言い回しがちょっと、と言って上役のチェックが入ったりしているうちに、何かよくわけのわからない意味不明の文章になっていくということを、しばしば経験すると思います。共同体の慣行の中で文章をつくっていくと、何かバックボーンがない限り、明確なリアリズムは出にくくなるんです。一神教には、自分の組織を飛び越えて神の目で見るという考え方があるために、自然科学、哲学なり、そういう言葉を使ってリアリズムに迫っていくという方法が加速される傾向にありますが、日本の場合はそれはむしろ減速されて、奨励されないのではないかと思います。

危機管理に必要な想像力

日本の新聞が典型的ですが、たとえばオリンピックのメダル予測の報道などを見ていても、われわれの共同体を日本と設定して、日本の中で希望的観測を次々に積み重ねていって、「取らぬ狸の皮算用」で、あたかも実際の三倍から五倍ぐらいメダルが取れるような報道をする。よその国にどれぐらいの競争相手がいるかという公平なリアリズムはまず無視される。そして、現実に裏切られていく。今度はそれに対していろんなフォローのストーリーが出てくるんです。けれども、いずれにしてもリアリズムと程遠いわけです。これは戦時報道についてもそうです。あるいは、たとえば地震などについても同じではないでしょうか。事前に、根拠がないのに地震が起こらないという神話が流布し、起こった後では、どうしてそのような起こらないはずのことが起こったかというエピソードについて積み重ねられていく。

どんな事柄もだいたいそういうふうになるわけです。言葉は、人びとが現実と直面しないためにある。現実に直面しないことによって、組織共同体が守られることになっているわけです。言葉よりも、人間関係が優先されるというルールがあるらしい。そうすると、リアリズム、リアリティが背後に退いていくわけです。

リアリティと直面しなければ、危機と直面する危機管理ができないことになります。心ある人は、これを何とか突破しようと思っているのです。しかし、結局のところ、もし日本の組織文化がある程度生き残りつつ、そこに危機管理の要素を織り込むとしたら、長期的視点というものを持たなければならないだろう。

長期的視点は、共同体ないし組織ないし企業・自治体を、その外側から眺める視点だというふうに思います。

以上にのべたように、危機管理を怠って自分の所属する集団をいちばん大事であると考えていること自身が、その共同体を滅ぼす要因になっています。これは、日本の軍隊とかオリンピック選手団のようなものを考えてみればいいのですが、リアリズムを内蔵していないために、自分のプラスになることができないわけです。人びとは実は共同体に依存しているわけですけれども、そうすると、共同体に依存するから自分自身は安心できる。しかし、共同体がどうやって存続していくか、その条件を真剣に考えていないから、その条件が失われていった時に、結局もっと危機的な状態になっていく。そういうことが考えられます。

たとえばある企業を例にとれば、人びとはその企業に依存して、企業が自分の人生だと考えているとして、その企業がどのようにして利潤をあげ、どのような環境の中で存続しているのか、を実は真剣に考えていない。日本が経済大国としてうまくやっている。それはある条件下でそうなっているわけです。しかし、個々の日本人は、自分は経済大国の一員であるということに満足している。そして、日本の繁栄がどのような条件下で達成されているのか、その条件をつくり出すために自分が何をすればいいのかを実は全然考えていない。そういう行動パターンになってくるわけです。こういう行動パターン自身が危機を増幅しているという側面がある。従来のシステムを維持するためにも、このシステムを実は乗り越えていかなければならないという、大変逆説的な現状があるのではないかと思います。

長期的視線の欠如は、思想の欠如というふうにも言えると思います。

思想は、想像力を必要とします。人間や社会のあらゆる多様化、あり方をカバーする一種の知識であり、人生観であり、トータルなものの見方です。日本人は日本人というあり方をしている。社会はこういうあり方をしている。ある限定された、日常的な極めて局限的なあり方をしているわけですが、思想はそれをひとつの特殊な場合と考えるわけです。欧米であれば全然別な社会であり、イスラム圏であれば全然別な社会である。第三世界であれば、もっと全然別のあり方を人間社会はもっている。そういうふうに、あるバラエティの中のひとつとして、目の前の現象をとらえていくというのが、思想のいちばん重要な点です。そうすると、それが特殊な条件によって支えられているということが、よく見えてくるわけです。そういう作業をよくやっていく。こういうベースがないと、危機管理ということをいくら言っても、その危機管理に必要な想像力が培われていかないのではないかと思います。

（一九九六年初出）

ベンチタイム・コラム

日本人はなぜ組織をつくるのが下手くそなのか

日本人は、近代がわかったつもりでいるが、ほんのうわっ面だ。まったく骨身にしみていない。

なるほど、都市の外観や生活様式を見れば、日本は欧米諸国とあまり違わなくなった。明治維新の目標は達成された。けれども日本人は、文明の成果をうらやましいと思っただけで、その根本である、近代という思想そのものを身につけようとは思わなかった。

*

近代というものを、つき詰めて、煮詰めて、ぎりぎりのエッセンスにしたら、そこに何が残るか? 言い換えるなら、近代の本質とは何か?

近代国家か? 違う。科学か? 違う。高度な産業文明か? 違う。民主主義か?

違う。そうしたものはどれも、近代の副産物にすぎない。日本はそうした副産物を、曲がりなりにも手に入れた。しかし、その根本に何があるのか、知らないですませようとした。

近代の本質。近代の根本。それは、人間が、一人ひとりまったくバラバラな存在だということである。当たり前なようだが、これがどんなに酷薄な認識か、目をつぶってよく考えてみるといい。

一者。絶対の孤独。神のようにこの世界で唯一だが、神と違って無力な存在。これにおびえる魂の震えが、近代の出発点なのだ。こうした感覚は、ずっと昔にキリスト教が準備していたが、ある段階から人びとは、こうした人間のあり方を、ほかのものに還元して説明することをやめた。それが近代の始まりだ。

*

こうした人間のあり方を、ひとはさまざまに呼ぶ。自由。人格の尊厳。個性。理性。意志。——自分が何かをしなければ、何も始まらない。要するにこれらは、そういうことを言っている。

たとえば、認識。人間は、対象がそこにあるように見えても、必ずそれを自分で確かめてから、その存在を信じる。哲学や科学は、こうした態度から出発する。

この原則は、石ころのような自然的対象だけでなく、集団や国家のような社会的対象にも適用される。伝統社会は、由来や成立ちのはっきりしない慣習で出来あがっている。そうしたものをいちいち疑い、その存在理由が納得できたものだけに従う。存在証明ができない慣習はすべて無視してしまう。近代はまず何より、こうした破壊的な運動なのだ。

そうするとどうなるか。人間が無条件で信じられるのは、自分だけ。そこで、各人の自由（な意志）が絶対となる。そして、人びとの自由を制約できるのは、論理的に考えて、人びとの自発的な合意（共通意志＝契約）しかありえない。こうして近代社会は、契約絶対の原則から出発する。社会は社会契約説によって再解釈され、伝統的な国家は、極大の共通意志（＝憲法制定権力）のうえに基礎づけ直された。この表現が、市民革命であり、法の支配であり、民主主義なのだ。

自分が自分の主人であることを強いられる。そして、契約が、法が、国家意志が、それらだけが、個人を拘束できる。なぜならそれは、もともと個人の意志がかたちを変えたものだからだ。この原理で社会を再組織する巨大な運動が、近代なのであり、そこから近代に独特な合理性と効率性が生まれる。

*

この原理で組み立てられた組織を、アソシエーションという。そのひな形は、キリスト教の教会だった。同じ考え方で、自治都市や、株式会社や、国家が形成されていく。学校も、政党も、組合も、家族さえも、近代社会の機能集団はすべて、こうして形成される。それは、共同体（人間の安らぎの場）でありうるとしても、それ以前にまず、社会的機能を遂行するためのアソシエーションでなければならない。ところが日本人は、社会をあるがままの秩序と受け取るので、近代のこの人工的な感覚が理解できない。

実例で理解するため、日本人のつくった組織であるオウム真理教団と、キリスト教の教会とを比べてみよう。

オウム教団は、救済（ハルマゲドンの後まで生き延びること）のためには教団への所属（出家）が必要だとする。教団はそのまま共同体であり、外部に救いはない。これに対して教会は、メンバーの救済を保証しない。教会の内部／外部の境界線と、救済される／救済されないの線分とは直交している。教会のメンバーであっても救われる者と、救われない者がおり、しかもそれが誰であるかを互いに知ることができない。したがって、教会は神の共同体ではありえず、あくまでも人間が勝手にこしらえた組織という留保（人工感）がつきまとう。そこでは人間は、互いを信じすぎてはならず、あいだに規則や役割をはさんで互いに距離を置くのである。

日本人はどんな組織をつくっても、いつの間にか共同体になる。組織の存続が自己目的化しはじめるのだ。たとえば、軍隊がそうだった。軍隊が、軍の果たすべき役割よりも軍の存続を第一に考えて行動した結果、日本国は破滅への道をつき進んだ。今日の学校も会社も、人びとに最大限の忠誠を要求している。組織を構成する個々人の自立性よりも、集団の与えるリアリティのほうが優先されるのである。これは宗教に近い。

*

こうした組織は、人びとの最大限の忠誠を期待できるという点で、効率的かもしれない。だが、そうした集団が自らの社会的機能に忠実であるかは、不確かである。そのため、組織を構成するそれぞれの部局が既得権を主張し始めても手を打てない。近代組織のもっている機能的合理性がどこまでも蝕《むしば》まれていくプロセスを、日本の組織は内蔵しているのである。

（一九九五年初出）

文庫版あとがき　偉大な素人たちの社会科学

政治学や経済学といった、のちに社会科学（social sciences）とよばれるようになった学問を、最初にうち樹てたのは、西欧社会である。

それは、宗教改革の後、大きな社会変化が起こって、ヨーロッパが列強に再編成され、絶対王制を経て、国民国家が形成されていった時期にあたる。いま常識であることが、当時はまだ常識ではなかった。できかけの国民国家を経営していくための、原則や知識や哲学が求められた。社会科学は、そうした現場の格闘のさなかで生まれた。

ホッブズが『リヴァイアサン』を書いたとき、国家主権の考え方はまだなかった。同書の後半（日本人があまり読まない部分）は、ローマ教会が国家より上位の権威ではないことの詳細な証明にあてられている。グロチウスが『戦争と平和の法』を書いたころも、主権国家はできかけだったので、彼の国際法は自然法と民法がもとになっている。アダム・スミスが『諸国民の富』を書いたとき、まだ経済学というものは存在せず、もちろん大学に経済学の講座もなかった。だから彼は、道徳哲学の教員だった。リカルドは大した教育も受けず、株屋となってひと財産つくったあと、『経済学および課税の原理』を書いて、近代経済学の基礎を一人でつくりあげてしまった。そのほか、マルクスもワルラスもソシュールもフロイトも、言うなれば偉大な素人たちである。

社会について、その原則や哲学をきっちり考えぬき、書物にまとめて出版する。多くの人びとが、それを読む。そして、読み返す。社会科学とは要するに、このことにつきる。いま、どの大学にも社会科学の講座がひと揃いあるのは当たり前となり、専門家がそのポストを占めて、内輪の論文を生産している。彼らは、偉大な素人たちの遺産で喰いつないでいるのである。

＊

社会科学は、知識ではなく、実践である。ある時代の社会が抱える困難を、解明し解決しようとする努力である。だから政府の職員は、社会科学を踏まえなければならないし、主な政策や立法も、社会科学を踏まえなければならない。大学で社会科学を教えるのはそのためだ。

だが、専門家にかかると、社会科学が貧相な、ただの知識になってしまう。専門家にとって大切なのは、どれだけよい論文を書いたか、ほかの専門家にどれだけ認められたかであって、社会の困難を、どれだけ解明し解決したかではない。細かく分かれた専門の垣根に仕切られて、視野が狭くなっている。専門に詳しくなればなるほど、社会全体のことがかえってわからなくなるのが専門家だ。

ほんとうに大事なのは、経済や政治や法律や文化や……が、互いにどうつながっているのか、である。社会はもともとひとつながりの現象なので、それを専門で区切ると、このつながりが見えにくくなる。専門は必要だが、専門にこだわるだけではだめなのだ。

社会科学を生み出した、偉大な素人たちに学ぼう。素人は、専門の垣根など関係ない。そのかわりに、この社会の抱える困難を、どこまでも追いかけ解決せずにはいられない。いま必要なのは、そんなふうに、社会をまるごと考えていく構想力だ。

＊

本書は、『政治・経済学講義』と題しているのに、実は、「政治学」も「経済学」も講義していない。看板にいつわりあり、と言われそうだ。そこで表紙の「学」の字を、少し細くしてもらった。「橋爪大三郎の」と断っているのは、誰かがふつうの教科書と間違えて買ってしまうといけないからだ。

それはともかく、本書は、政治や経済のほんとうの意味を、ふつうに生きている人びとに役に立つかたちで、はっきり伝えたいと考えて書いた。経済の意味は、経済ではない領域（たとえば、政治とか、家族とか、文化とか、……）との関係をつきとめると、はっきりする。政治の意味は、政治ではない領域（たとえば、経済とか、地域社会とか、宗教とか、……）との関係をつきとめると、はっきりする。でも、こんなやり方は、ふつうの経済学や政治学の考え方と、反対向きである。本書はこんなふうに、専門化した社会科学のコリをほぐして、リハビリにかけようという試みなのだ。

＊

専門化した経済学は、どんな点が問題なのか。

専門化した（ということは、ふつうの）経済学は、貨幣を媒介にした人間と人間の関係を扱う。貨幣でモノを売買できる場が、市場である。ゆえに、経済学は、市場での社会関係を扱う、と言っても同じだ。市場では、人間も、その集まりである法人も、自分の利益（だけ）を考えて行動することになっている（ホモ・エコノミックス）。それを前提に、いろいろな議論を組み立てる。この考えによると、経済とは、すなわち、市場経済のことである。

だがマルクスは、もっと大きく外側から、経済というものを考えた。貨幣経済が始まるまえの物々交換から、古代奴隷制、中世封建制、重商主義、そして発達した資本主義経済まで、あらゆる経済のかたちを考察しようとした。それはマルクスが、自然のなかで集団で労働して生きているのが人間の本来のあり方だという「哲学」をもっていたからできたことだ。

経済をこのようにとらえるなら、それは、政治や哲学や宗教や……の領域につながっていく。こうしてマルクスは、経済学や政治学や歴史学や法学や哲学や……をまたがる、マルクス主義をうち樹てることになった。

ソ連をはじめとする社会主義圏が解体し、冷戦が終わったので、マルクス主義は過去のものになったと思われている。たしかに社会主義計画経済は、まずかった。でもそれは、マルクスのせいとは言えない。マルクスは、資本主義経済を詳しく分析したが、社会主義や共産主義がどんなものなのか、ほとんどのべていない。

マルクス主義のどこからどこまでが、時代遅れというわけではない。偉大な素人・マルクスのすぐれたアイデアは、これからこそ出番があるかもしれない。

*

ケインズにも、よみがえってもらいたい。

ケインズの議論は、「賃金の下方硬直性」（労働組合ががんばるので、賃金は上がるべきとき上がっても、下がるべきとき下がりにくい）のような、社会学的な洞察に満ちている。「有効需要の原理」や「乗数理論」は、政府の公共投資がGDPを押し上げ、雇用を創出する（失業を改善する）手法を裏づけるものとして、一世を風靡した。ケインズは失業対策のためなら、大きな穴を掘って、また埋めればよい、とまで言ったという。

地球温暖化のせいで、この手法はとれなくなった。

温暖化を防ぐため、環境税をかける。炭酸ガスの排出を規制する。どちらも、雇用を減らす（失業を増やす）効果がある。これまでなら、公共投資などを行なって経済成長をはかれば、失業対策になった。でもこれは、在来技術で経済の規模を拡大するわけだから、炭酸ガスがもっと出るということだ。炭酸ガスの排出を規制し、環境税もかけながら、経済を成長させ、雇用を生み出す、新しい経済学が必要だ。

この新しい経済学は、ケインズ経済学と正反対なもののように思われよう。でも、精神は共通する。市場のそとで人間がどう行動しているかをみきわめ、市場でなにをすれば問題が解決するかを考えるのだ。炭酸ガスを削減するという制約条件のもとで、うまい解決があるかもしれない。たとえばEUでは、環境税の収入を、企業が負担している社会保険料を肩代わりする補助金として企業に配り、雇用のコストを下げることで、新たな雇用を生み出せるのではないかと検討している。おもしろいアイデアだ。

新しい課題にこたえるには、新しい社会科学が必要だ。若い世代の偉大な素人たちが、道を切り開くだろう。

＊

本書に収められた文章を書いてから、だいぶ時間が経った。その間、一九九〇年代後半から二〇〇〇年代を通じて、日本は、政治の停滞がいっそう進んでしまった。

自民党の一党支配が続いていたあいだは、自民党のさまざまな部会が、政府や中央省庁の権限のかなりの部分を代行するかたちになっていた。政府が二つあるみたいなものだ。自民党の派閥を束ねる有力なリーダーが首相になると、中央省庁を指揮して、それなりの指導力を発揮できた。

自民党が単独政権を維持できなくなり、リーダーも小粒になったので、中央省庁の力が増した。中央省庁は、縦割りなうえ、既得権（省益）にとらわれている。日本の将来や国民全体の利益を考え、統一的な方針をうち出すのが苦手である。そもそもそれは、行政ではなく、政治の仕事だ。だからどの省も、言い分をゆずらず、調整に時間がかかり、決めるべきことが決まらない。これが、政治の停滞だ。

政治が停滞している根本原因は、日本国民が、政治についてすっきりものを考えられないでいるからだ。

自民党は過半数を割ったが、それではと、野党が政権をとるわけでもない。そんな曖昧な状態が続いてきた。二〇〇七年夏の参院選の結果、民主党が参院で優位を占め、衆院で優位な自民党連立政権とのあいだで「ねじれ国会」が始まった。どっちつかずで気分次第の有権者の投票行動が、政治のパイプを詰まらせてしまった。国民が、政治に、もっと政策とビジョンを求め、もっと説明と責任を求めるならば、政治は本来の役割を取り戻せるのではないか。

民主主義は、選挙を通じ、選挙を通じて選ばれた議員が議会で法律をつくることを通じて、自分たちの社会を主体的に運営していく仕組みである。有権者は、ただ投票に行けばよいわけではない。いまなにを選択しようとしているのか、わかっていなければならないし、各党の政策の違いも理解していなければならない。

政治の停滞を払いのけるために、社会科学の果たすべき役割も大きい。

社会科学とは、政治と経済と社会・文化の関係を、私たちに教えてくれるものである。日々の生活のなかで、どう生きていけばいいか、手がかりとなる知識を提供してくれるものである。そして、これからの時代のためになにを選択すべきか、そのヒントを与えてくれるものである。要するに、社会科学は、私たちがこの社会を歩いていくための、地図となってくれるものだ。

＊

政治と経済と社会がどうつながっているか。

本書『橋爪大三郎の政治・経済学講義』と、姉妹編『橋爪大三郎の社会学講義』が題材としているのは、まさにそのことだ。政治や経済や社会の専門の知識がつながる、土台のところがどうなっているかをのべてある。

中学生・高校生でも十分に読めるように、本書を書いたつもりだ。もしもまだわかりにくいという読者がおられたら、小学生向けの入門編があるので、ご紹介しよう。『だれが決めたの？　社会の不思議』（橋爪大三郎著、二〇〇七年、朝日出版社）。これは、実際に小学校に出かけて行って、六年生の生徒さんたちから出された疑問に、ぶっつけ本番で答えた授業の記録である。小学生向けとはいえ、レベルは下げていない。むしろ、小学生向けの表現で、われわれの生きる社会の本質について、どこまでのべることができるか、大人もたじたじの本格的な内容となっている。

小学生、中学生、高校生ら、若い世代の皆さんが、社会に興味をもち、社会科学に関心をもってくれるなら、その分、日本も世界も、確実によくなると私は信じる。

＊

本書は、夏目書房から出版された『橋爪大三郎の社会学講義』（一九九五）と『橋爪大三郎の社会学講義2――新しい社会のために』（一九九七）がもとになっている。この二冊の論集を文庫本とするにあたって、両巻の内容を入れ換え、一部はカットして、組み直した。ひと足早く刊行された『橋爪大三郎の社会学講義』には、おもに社会と社会学に関係する文章を集めている。そして本書『橋爪大三郎の政治・経済学講義』には、おもに政治や経済に関係する文章を集めた。

夏目書房は、ユニークな出版社だったが、二〇〇七年につぶれてしまった。残念なことである。関係者のご厚意と尽力によって、いったん寿命を終えた二冊が、ちくま学芸文庫としてよみがえることになった。より安価に、新しい読者の手に届くことになったことをありがたく思う。

筑摩書房で本書を担当した、ちくま学芸文庫編集部の町田さおりさんは、実にテキパキと作業を進め、考えるべき点は立ち止まって考え、進めるべき点はどしどし進めて、あっと言う間に二冊の文庫を完成させてしまった。そのプロとしての手並みに、信頼と敬意を覚える。

一〇年あまり前の文章が、読者の興味と関心にいまどこまでこたえるものなのか、私にはわからない。願わくは今後、日本と世界がよりよい方向に進むヒントを、本書でみつけたと言ってくれる人びとが現れてくれるようなら嬉しい。

二〇〇八年四月

著者しるす

野茂英雄（のも・ひでお）（1968- ）
大阪市生まれ。プロ野球選手（投手）。実業団の新日鐵堺を経て、1990年近鉄バファローズ入団、主力投手に。95年ロサンゼルス・ドジャース入団、日本人で2人目、31年ぶりのメジャーリーガーとなる。2度のノーヒット・ノーランを達成。

ホッブズ Hobbes, Thomas（1588-1679）
イギリスの哲学者。社会契約説、主権国家論を主唱。主著『リバイアサン』は絶対的国家権力を理論づける政治哲学書。

マルクス Marx, Karl Heinrich（1818-83）
ドイツの経済学者、哲学者、革命家。ヘーゲル、フォイエルバッハの影響を受け思想形成するが、のちドイツ観念論、初期（＝空想的）社会主義、古典経済学を批判的に摂取して、科学的社会主義の立場を創始した。フリードリヒ・エンゲルスとともに『ドイツ・イデオロギー』（1846）を執筆し、新しい歴史観として唯物史観を打ち立てた。著書は『資本論』（1867-94）『コミュニスト宣言』（1848）など。

森嶋通夫（もりしま・みちお）（1923-2004）
経済学者。近代経済学の立場から、独自の手法でワルラスやマルクスの経済成長理論の解釈を示し、大きな反響をよぶ。1976年文化勲章を受章。著書は『動学的経済理論』（1950）『資本主義経済の変動理論』（1955）『マルクスの経済学』（1974）など。

効需要の創出に基礎を与え、ケインズ革命をひき起こした。著書は『雇用・利子および貨幣の一般理論』(1936) など。

サミュエルソン Samuelson, Paul Anthony (1915-　)

アメリカの経済学者。シカゴ大学から30年代のハーバード黄金時代に大学院を終え、MIT教授。新古典派を大成、数理経済学をはじめ戦後経済学の各分野にわたって指導的役割を果たした。1970年ノーベル賞受賞。ケネディ大統領の経済顧問。著書は『経済分析の基礎』(1947)『経済学』(1948) など。

孫津 (ソンジン)

中国の思想家。中国農業大学教授 (社会学)。

テルトゥリアヌス Tertullianus, Quintus Septimius Florens (160頃-220頃)

初期キリスト教会の教父。カルタゴ (現チュニジア) 生まれ。熱烈な護教家で、法学と修辞学の知識をキリスト教擁護に生かした。キリスト教信仰は超理性的なものであるとして、信仰の哲学的な解釈を拒絶し、ギリシア哲学を排撃した。キリスト論、三位一体論を系統的に論じた最初の人物であり、『護教論』など31編の著作が現存する。

野田正彰 (のだ・まさあき) (1944-　)

高知県生まれ。京都造形芸術大学教授。比較文化精神医学専攻。著書は『錯乱と文化』(1981)『コンピュータ新人類の研究』(1987)『戦争と罪責』(1998)『この社会の歪みについて』(2005) など。

人名解説

ウェーバー Weber, Max（1864-1920）

ドイツの社会学者。経済史家として出発し、理念型に基づく独自の社会科学方法論を確立した。また、世界宗教の経済論理と合理化との関係を明らかにした。著書は『宗教社会学論集』(1922-23)、『経済と社会』(1921-22)『プロテスタンティズムの倫理と資本主義の精神』(1905) など。

梅棹忠夫（うめさお・ただお）（1920-　）

京都生まれ。現在、国立民族学博物館名誉教授・顧問。当初、動物生態学を専攻していたが、今西錦司の影響を強く受けて、文化人類学に転じる。1994年文化勲章受章。著書は『モゴール族探検記』(1956)『日本探検』(1960) など。

小沢一郎（おざわ・いちろう）（1942-　）

衆議院議員。自由民主党幹事長、新進党党首、自由党党首などを経て、民主党代表。

楠木正成（くすのき・まさしげ）（？-1336）

南北朝時代の武将。河内の土豪。元弘の変で赤坂・千早城で活躍。建武政権下で河内の国守その他を兼任。のちに挙兵した足利尊氏を摂津国湊川に迎え撃って討死。

ケインズ Keynes, John Maynard（1883-1946）

イギリスの経済学者。乗数理論によって、公共投資による有

（11号）　メタローグ

講座2

○「資本主義再入門」『広告批評』1994年5・6月172号　マドラ出版

●「企業と日本文化」（初出時タイトル「社会の未来」）『実業の日本』1996年2月　実業之日本社

●「人間にとって生活とは何か」（初出時タイトル「日本は生活大国になれるか」）『広告批評』1993年1月157号　マドラ出版

ベンチタイム・コラム

●「100年マンションで都市再生を」『現代』1996年2月　講談社

講座3

●「日本のかたちを、どのように構想するか」（初出時タイトル「日本のかたちを考える」）『第1回日本のかたち研究会議事録』1996年7月　政策科学研究所

●「国際化と日本人の意識」『第4期第4回ランチタイムセミナー講演記録』1992年12月　レジャー・サービス産業・労働情報開発センター

○「日本人はなぜ論争が下手なのか」『別冊宝島EX　達人の論争術』1994年5月　宝島社

●「日本人はなぜ危機意識が足りないのか」（「日本人のリスク観と現代のリスク管理」を改題）『社会リスク研究会第2分科会講演』1996年7月　三菱総合研究所

ベンチタイム・コラム

●「日本人はなぜ組織をつくるのが下手くそなのか」（初出時タイトル「日本人はなぜ、組織をつくるのが下手くそなのか？」）『DBC』1995年7月65号　ダイヤモンドビジネスコンサルティング株式会社

初出一覧

本書は『橋爪大三郎の社会学講義』（1995年10月1日　夏目書房）および『橋爪大三郎の社会学講義２』（1997年４月25日　夏目書房）より再編集した。初出は以下の通り。

なお単行本時『橋爪大三郎の社会学講義』所収のものは○で、『橋爪大三郎の社会学講義２』所収のものは●で示した。

●「講義をはじめるにあたって――日本をまともな国家にするために」単行本時書下ろし

講座１

○「政治とは何か」（初出時タイトル「政治家はなぜ必要なのだろうか」）『別冊宝島』1993年189号　宝島社

○「日本の政治権力はどのように作動するか」『思想の科学』1992年７月号　思想の科学社

●「日本の民主主義」（初出時タイトル「戦後民主主義を、こうやって立て直そう」）『New Paradigm』1995年秋号　NTT DATA広報部

○「民主主義と憲法」（初出時タイトル「民主主義を甦らせるカギは何か」）『第三文明』1995年１月405号　第三文明社

○「天皇と民主主義」『念仏者』1994年11月７号　ねんぶつ社

○「政教分離について」（初出時タイトル「いま創価学会とオウム真理教をめぐる、すべての「宗教法人論議」を考える！」）『別冊宝島』1995年225号　宝島社

ベンチタイム・コラム

○「政治が絶望的に下手くそな日本人」『リテレール』1994年冬号

入門経済思想史　世俗の思想家たち
R・L・ハイルブローナー　八木甫ほか訳
何が経済を動かしているのか。スミスからマルクス、ケインズ、シュンペーターまで、経済思想の巨人たちのヴィジョンを追う名著の最新版訳。

マクルーハン
W・テレンス・ゴードン　宮澤淳一訳
テクノロジーが社会に及ぼす影響を考察し、情報社会の新しい領域を開いたマクルーハンの思想をビジュアルに読み解く入門書。文献一覧と年譜付。

サルトル
D・D・パルマー　澤田直訳
小説家・政治活動家であり、哲学の地図上に「実存主義」を記したサルトル。その生涯をたどり思想と概念をビジュアルに紹介。用語集・年譜付。

ラカン
フィリップ・ヒル　新宮一成／村田智子訳
フロイトの精神分析学の跡を受け構造主義思想に多大な影響を与えたジャック・ラカン。きわめて難解とされるその思想をビジュアルに解く。（新宮一成）

自我論集
ジークムント・フロイト　竹田青嗣編　中山元訳
フロイト心理学の中心、「自我」理論の展開をたどる新編・新訳のアンソロジー。「快感原則の彼岸」「自我とエス」など八本の主要論文を収録。

エロス論集
ジークムント・フロイト　中山元編訳
フロイト精神分析の基幹、性欲、エディプス・コンプレックスについての理論の展開をたどる。『性理論三篇』「ナルシシズム入門」などを収録。

哲学講義1
P・フルキエ　中村雄二郎／福居純訳
フランスの中等教育の最大の特色である「哲学教育」の教科書の翻訳。第一巻は人類文化一般、心理学の概念およびその方法を平易に説く。

明かしえぬ共同体
M・ブランショ　西谷修訳
G・バタイユが孤独な内的体験のうちに失うという形で見出した〈共同体〉。そして、M・デュラスが描いた奇妙な男女の不可能な愛の〈共同体〉。

精神疾患とパーソナリティ
ミシェル・フーコー　中山元訳
観察者の冷ややかな視点を排し、狂気の側に立って「精神疾患」を考察した一九五四年刊の処女作。構造主義的思考の萌芽を伝える恰好の入門書。

変容の象徴 上・下
C・G・ユング
野村美紀子訳

神話的なイメージや象徴的表現の分析による心の構造の探求。精神分析学の新しい地平を切り開いた巨星ユングの記念碑的主著。

哲学入門
バートランド・ラッセル
髙村夏輝訳

誰にも疑えない確かな知識など、この世にあるのだろうか。近代哲学が問い続けてきた諸問題を、これ以上なく明確に説く哲学入門書の最高傑作。

論理的原子論の哲学
バートランド・ラッセル
髙村夏輝訳

世界は原子的事実で構成され論理的分析で解明しうる——急速な科学進歩の中で展開する分析哲学。現代哲学史上あまりに名高い講演録、本邦初訳。

小説の理論
G・ルカーチ
原田義人／佐々木基一訳

古代ギリシア以来の叙事文学の中から、何故に小説形式が誕生したのか？「先験的な故郷喪失の形式」小説の歴史哲学的な考察。（長谷川宏）

場所の現象学
エドワード・レルフ
高野岳彦／阿部隆／石山美也子訳

〈没場所性〉が支配する現代において〈場所のセンス再生の可能性〉はあるのか。空間創出行為を実践的に理解しようとする社会的場所論の決定版。

レヴィナス・コレクション
エマニュエル・レヴィナス
合田正人編訳

人間存在と暴力について、独創的な倫理にもとづく存在論哲学を展開し、現代思想に大きな影響を与えているレヴィナス思想の歩みを集大成。

実存から実存者へ
エマニュエル・レヴィナス
西谷修訳

世界の内に生きて「ある」とはどういうことか。存在は「悪」なのか。初期の主著にしてアウシュヴィッツ以後の哲学的思索の極北を示す記念碑的著作。

黙示録論
D・H・ロレンス
福田恆存訳

抑圧が生んだ歪んだ自尊と復讐の書「黙示録」を読みとき、現代人が他者を愛することの困難とその克服を切実に問うた20世紀の名著。（髙橋英夫）

貨幣論
岩井克人

貨幣とは何か？ おびただしい解答があるこの命題に、『資本論』を批判的に解読することにより最終解答を与えようとするスリリングな論考。

物質と記憶
アンリ・ベルクソン
合田正人／松本力訳
観念論と実在論の狭間でイマージュへと焦点があてられる。心脳問題への関心の中で、今日さらに重要性が高まる、フランス現象学の先駆的著書。

象徴交換と死
J・ボードリヤール
今村仁司／塚原史訳
すべてがシミュレーションと化した高度資本主義像を鮮やかに提示し、〈死の象徴交換〉による、その内部からの〈反乱〉を説く、ポストモダンの代表作。

経済の文明史
カール・ポランニー
玉野井芳郎ほか訳
市場経済社会は人類史上極めて特殊な制度的所産である——非市場社会の考察を通じて経済人類学に大転換をもたらした古典的名著。（佐藤光）

経済と文明
カール・ポランニー
栗本慎一郎／端信行訳
文明にとって経済とは何か。18世紀西アフリカ・ダホメを舞台に、非市場社会の制度的運営とその原理を明らかにした人類学の記念碑的名著。

暗黙知の次元
マイケル・ポランニー
高橋勇夫訳
非言語的で包括的なもうひとつの知。創造的な科学活動にとって重要な〈暗黙知〉の構造を明らかにしつつ、人間と科学の本質に迫る。新訳。

知恵の樹
H・マトゥラーナ／F・バレーラ
管啓次郎訳
生命を制御対象ではなく自律主体とし、自己創出を良き環と捉え直した新しい生物学。現代思想に影響を与えたオートポイエーシス理論の入門書。

薔薇十字団
クリストファー・マッキントッシュ
吉村正和訳
西欧近代の精神世界を支配してきた謎の結社の唯一の通史。政治、思想、芸術への目配りも充分な知的読物。コリン・ウィルスンの序文を併載。

メルロ=ポンティ・コレクション
M・メルロ=ポンティ
中山元編訳
意識の本性を探究し、生活世界の現象学的記述を実存主義的に企てたメルロ＝ポンティ。その思想の粋を厳選して編んだ入門のためのアンソロジー。

心身の合一
モーリス・メルロ=ポンティ
滝浦静雄／中村文郎／砂原陽一訳
近代哲学において最大の関心が払われてきた問題系、心身問題。三つの時代を代表する対照的な哲学者の思想を再検討し、新しい心身観を拓く。

どうして英語が使えない? 酒井邦秀

『でる単』と『700選』で大学には合格した。でも、少しも英語ができるようにならなかった「あなた」へ。学校英語の害毒を洗い流すための処方箋。

快読100万語! ペーパーバックへの道 酒井邦秀

辞書はひかない! わからない語はとばす! すぐ読めるやさしい本をたくさん読めば、ホンモノの英語が自然に身につく。奇跡をよぶ実践講座。

翻訳仏文法(上) 鷲見洋一

多義的で抽象性の高いフランス語を、的確で良質な日本語に翻訳するコツを伝授します! 多彩な訳例と実用的な技術満載の名著、待望の文庫化。

翻訳仏文法(下) 鷲見洋一

原文の深層からメッセージを探り当て、それに言葉を与えて原文の「姿」を再構成するのが翻訳だ——初学者も専門家も読んで納得の実践的翻訳術。

ことわざの論理 外山滋比古

「隣の花は赤い」「急がばまわれ」……お馴染のことわざの語句や表現を味わい、あるいは英語の言い回しと比較し、日本語の心性を浮き彫りにする。

名文 中村明

名文とは何か。国木田独歩から宮本輝に至る五〇人の作家による文章の精緻な分析を通して、名文のスタイルの構造を解明する必携の現代文章読本。

文章作法入門 中村明

書きたい! 茫漠としたその思いを形にし、文章を発信するときのすべてを解説。原稿用紙の約束事から論理的な展開法にいたるまで徹底指導する。

悪文 中村明

文法的であってもどことなくしっくり来ない日本語表現をAからZまで26のテーマに分類、誤用・悪用例をとおして日本語の面白さを発見する。

「不思議の国のアリス」を英語で読む 別宮貞徳

このけたはずれにおもしろい、奇抜な名作を、いっしょに英語で読んでみませんか——『アリス』の世界を原文で味わうための、またとない道案内。

日本語のリズム 別宮貞徳

耳に快い七五調の基盤には四拍子のリズムがあった！「声に出して読む」日本語から文化のアイデンティティーに迫る異色の日本語論。（安西徹雄）

さらば学校英語 **実践翻訳の技術** 別宮貞徳

英文の意味を的確に理解し、センスのいい日本語に翻訳するコツは？ 日本人が陥る誤訳の罠は？ 達人ベック先生が技の真髄を伝授する実践講座。

達人に挑戦 **実況翻訳教室** 別宮貞徳

達人ベック先生の翻訳教室を紙上に再現。幅広い分野の課題を出題、生徒の訳例を俎上に、的確な読みと一歩上行く訳を教授する、上達約束26講。

明治東京風俗語事典 正岡容

江戸・明治の東京で語られ、やがて消えていった言葉たち。当時を髣髴させる数多の言葉を、寄席芸能の第一人者が集大成した労作。（池内紀）

わたしの外国語学習法 ロンブ・カトー 米原万里訳

16ヵ国語を独学で身につけた著者が明かす語学学習の秘訣。特殊な才能がなくても外国語は必ず習得できる！ という楽天主義に感染させてくれる。

英語類義語活用辞典 最所フミ編著

類義語・同意語・反意語の正しい使い分けが、豊富な例文から理解できる定評ある辞典。学生や教師・英語表現の実務家の必携書。（加島祥造）

日英語表現辞典 最所フミ編著

日本人が誤解しやすいもの、英語理解のカギになるもの、まぎらわしい同義語、日本語の伝統的な表現・慣用句・俗語を挙げ、詳細に解説。（加島祥造）

英語・語源辞典 宮本倫好

人間は「言葉の源をほじくる衝動を持つ動物」だ！様々な言語を受け入れつつ発展した英語。その淵源をたどるスリルに富んだ知的謎解き。

言海 大槻文彦

統率された精確な語釈、味わい深い用例、明治の刊行以来昭和まで最もポピュラーで多くの作家に愛された辞書『言海』が文庫で。（武藤康史）

ちくま学芸文庫

橋爪大三郎《はしづめだいさぶろう》の政治《せいじ》・経済学講義《けいざいがくこうぎ》

二〇〇八年六月十日　第一刷発行

著　者　橋爪大三郎（はしづめ・だいさぶろう）
発行者　菊池明郎
発行所　株式会社　筑摩書房
東京都台東区蔵前二―五―三　〒一一一―八七五五
振替〇〇一六〇―八―四一二三
装幀者　安野光雅
印刷所　星野精版印刷株式会社
製本所　株式会社積信堂

乱丁・落丁本の場合は、左記宛に御送付下さい。
送料小社負担でお取り替えいたします。
ご注文・お問い合わせも左記へお願いします。
筑摩書房サービスセンター
埼玉県さいたま市北区櫛引町二―六〇四　〒三三一―八五〇七
電話番号　〇四八―六五一―〇〇五三

ISBN978-4-480-09154-3 C0136